Laboratory Manual to accompany
Prego!

Laboratory Manual to accompany
Prego!
AN INVITATION TO ITALIAN

Fifth Edition

Andrea Dini
Hofstra University

Graziana Lazzarino
University of Colorado, Boulder

Boston   Burr Ridge, IL   Dubuque, IA   Madison, WI   New York   San Francisco   St. Louis
Bangkok   Bogotá   Caracas   Lisbon   London   Madrid
Mexico City   Milan   New Delhi   Seoul   Singapore   Sydney   Taipei   Toronto

McGraw-Hill Higher Education

A Division of The McGraw-Hill Companies

This is an  book.

Laboratory Manual to accompany
Prego! An Invitation to Italian

Published by McGraw-Hill, an imprint of The McGraw-Hill Companies, Inc., 1221 Avenue of the Americas, New York, NY 10020. Copyright © 2000, 1995, 1990, 1984, 1980 The McGraw-Hill Companies, Inc. All rights reserved. No part of this publication may be reproduced or distributed in any form or by any means, or stored in a data base or retrieval system, without the prior written permission of The McGraw-Hill Companies, Inc., including, but not limited to, in any network or other electronic storage or transmission, or broadcast for distance learning.

4 5 6 7 8 9 0 QPD QPD 0 9 8 7 6 5 4 3 2

ISBN 0-07-243269-1

Vice president/Editor-in-chief: *Thalia Dorwick*
Sponsoring editor: *Leslie Hines*
Development editors: *Marissa Galliani-Sanavio* and *Lindsay Eufusia*
Marketing manager: *Nick Agnew*
Project manager: *David Sutton*
Supplements coordinator: *Louis Swaim*
Compositor: *York Graphic Services, Inc.*
Typeface: *Palatino*
Printer: *Quebecor Printing Dubuque, Inc.*

Grateful acknowledgment is made for use of the following material:
Page 116 Disegnatori Riuniti.

http://www.mhhe.com

Contents

Preface

This *Laboratory Manual* accompanies *Prego! An Invitation to Italian*, Fifth Edition. Like the student text, the *Laboratory Manual* has been extensively revised, and instructors familiar with previous editions of it should look closely at the new edition.

The *Laboratory Manual* is coordinated with the *Audio Program* for the preliminary chapter and the eighteen regular chapters. Part A contains the preliminary chapter and the first nine regular chapters; Part B completes the program with chapters ten through eighteen. Each chapter has forty to fifty minutes of recorded material. The speech on the audio program represents that of many regions of Italy; the language is authentic Italian.

We suggest that students listen to the recorded material on a given vocabulary or grammar section only after that material has been covered in class. We also recommend that students spend no more than thirty minutes at a time in the laboratory. A total of sixty minutes per week should allow students time to listen to the entire chapter at least once and to repeat any material on which they feel they need additional practice.

The *Laboratory Manual* is a guide to the audio. Directions for all recorded activities are in the manual, with a model provided for most. In some cases, cues and drawings to be used with exercises appear in the manual; at other times, cues are heard on the recording only.

The **Capitolo preliminare** follows the corresponding chapter in the student text point-by-point. It introduces students to the basic sounds of Italian and to a variety of useful, everyday expressions, concluding with an open-ended activity.

The chapters of the *Laboratory Manual* are organized as follows:

Vocabolario preliminare and **Grammatica.** These sections follow the sequence of material in the student text point-by-point. They include minidialogues and listening comprehension activities, in addition to grammar and vocabulary exercises.

Pronuncia. Capitoli 1 through **13** include focused practice of Italian sounds and intonation patterns.

Dialogo and **Ed ora ascoltiamo!** These extended passages (including everyday conversations, a journalist's interview, and a professor's lecture) with follow-up activities help improve students' global listening comprehension skills.

Dettato. A short dictation, improves recognition of phonetic sounds and how to write them.

Sara in Italia. This light-hearted feature follows Sara, a young American woman, throughout her travels in Italy. It provides additional listening comprehension practice as well as cultural and geographical information to wrap up each chapter.

Answers to most exercises are on the recording. Several exercises require written responses. Answers to these and to the dictations can be found at the back of this manual. The *Audioscript* is available to instructors only.

The authors would like to thank Thalia Dorwick, Leslie Hines, Lindsay Eufusia, Marissa Galliani-Sanavio, David Sutton, and Susan Lake of McGraw-Hill for their useful and creative contributions to this *Laboratory Manual.*

Capitolo PRELIMINARE

A. Saluti ed espressioni di cortesia

A. Presentazioni (*Introductions*). You will hear two professors introduce themselves to their classes. The first time, listen carefully. Pay attention to rhythm and intonation. The second time, write the missing words. The third time, the introductions will be read with pauses for repetition. Repeat after the speakers and check what you have written. Then check your answers in the Answer Key.

1. Buon giorno. _____[1] chiamo Marco Villoresi. _____[2] professore d'italiano.

   Sono _____[3] Firenze.

2. Buon _____[4]. Mi _____[5] Alessandra Stefanin. Sono _____[6]

   d'italiano. Sono di Venezia.

B. E tu, chi sei? Now, following the examples, introduce yourself. Use the greetings you find most appropriate. First listen. Then introduce yourself.

ESEMPI: STUDENTE 1: Buon giorno. Mi chiamo Brian Johnson. Sono studente d'italiano. Sono di Knoxville.

STUDENTE 2: Salve. Mi chiamo Aliza Wong. Sono studentessa d'italiano. Sono di Portland. E tu, chi sei?

Now introduce yourself, following one of the preceding models.

C. Formale o informale? You will hear three different dialogues in which people introduce themselves to each other. The first time, listen carefully. Pay attention to rhythm and intonation. The second time, write the missing words. The third time, the dialogues will be read with pauses for repetition. After repeating the dialogues, decide whether the situation presented is formal or informal, **formale o informale.** You will hear the answers at the end of the exercise. Check your written answers in the Answer Key.

Dialogue 1:
Professor Villoresi and Professoressa Stefanin meet for the first time at a professional meeting.

PROF. STEFANIN: Buon giorno. Mi chiamo Alessandra Stefanin.

PROF. VILLORESI: _____[1]? Come _____[2] chiama?

PROF. STEFANIN: Alessandra Stefanin.

PROF. VILLORESI: Ah, _____[3]. Marco Villoresi. Sono di Firenze. _____[4] Lei?

PROF. STEFANIN: _____[5] di Venezia. Piacere.

Now indicate whether the dialogue is formal or informal.

       formale   informale

Dialogue 2:
A student sees his professor in a restaurant.

STUDENTE: Buona sera, professor Villoresi. Come va?

PROF. VILLORESI: _____[1], grazie. E _____[2]?

STUDENTE: Non c'è _____[3].

PROF. VILLORESI: Arrivederci.

STUDENTE: _____[4].

Now indicate whether the dialogue is formal or informal.

       formale   informale

Dialogue 3:
Laura meets her friend Roberto.

LAURA: Ciao, Roberto. Come _____[1]?

ROBERTO: Non c'è male. E _____[2]?

LAURA: Bene, grazie!

ROBERTO: _____[3]!

LAURA: Ciao!

Now indicate whether the dialogue is formal or informal.

       formale   informale

D. Conversazioni brevi (*Short conversations*). You will hear a short phrase or expression. You will hear each one twice. Listen carefully, then indicate the most appropriate response to what you have heard. Scan the choices now.

1. _____   a. Così così.

2. _____   b. Buona sera, signora Gilli.

3. _____   c. Prego!

4. _____   d. Buona notte, mamma.

5. _____   e. Mi chiamo Roberto, piacere!

B. In classe

A. Alla classe. The instructor has asked the class to perform some actions. Match what you hear with the actions performed by the students in the drawings. Write the appropriate command from the list next to the corresponding drawing. Then check your answers in the Answer Key. Scan the list of directions now.

Alla lavagna!   Chiudete il libro!
Aprite il libro!   Ripetete «buona notte», per favore!
Ascoltate!   Scrivete!

1. _____   2. _____

3. _____   4. _____

B. Come si dice? You will hear a series of brief classroom exchanges. You will hear each one twice. The first time, listen carefully. The second time, complete the dialogues with the expressions you hear. Check your answers in the Answer Key.

1. PROFESSORESSA: Paolo, _____[1] si _____[2] *alphabet* in italiano?
    STUDENTE: Alfabeto.

    PROFESSORESSA: Giusto! _____[3]!

2. STUDENTESSA: _____ [4], professore, come si _____ [5] **classe?**
   PROFESSORE: C L A S S E.
   STUDENTESSA: Grazie, professore.

   PROFESSORE: _____ [6], signorina.

3. PROFESSORESSA: _____ [7] il libro e fate l'esercizio.

   STUDENTE: _____ [8]? Non _____ [9]. Ripeta, per _____ [10].

C. A lezione (*In class*). What would you say in Italian in the following situations? Repeat the response.

ESEMPIO: *You read:* You want your instructor to repeat something.
         You say: Ripeta, per favore!
         You hear: Ripeta, per favore!
         You repeat: Ripeta, per favore!

1. You want to know how to pronounce a word.
2. You do not understand what your instructor has said.
3. You want to know how to say "excuse me" in Italian.
4. You want to ask what something means.
5. You did not hear clearly what your instructor said.
6. You do not know how to spell a word.

D. Ecco una classe. As you hear the word in Italian for each numbered object, find it listed in the box. Then write the word in the space provided next to the corresponding drawing. Check your answers in the Answer Key.

1. _____
2. _____
3. _____
4. _____
5. _____
6. _____
7. _____
8. _____
9. _____
10. _____

un banco   un quaderno   una penna
un compito
un foglio di carta   una lavagna   una porta
un gesso   una matita   una sedia

C. Alfabeto e suoni

A. Nella vecchia fattoria... You will hear a reading of "Nella vecchia fattoria." You will hear it twice. The first time, listen carefully. The second time, it will be read with pauses for repetition.

Nella vecchia fattoria, ia-ia-o!
Quante bestie ha zio Tobia, ia-ia-o!
C'è il cane (bau!) cane (bau!) ca-ca-cane,
e il gatto (miao!) gatto (miao!) ga-ga-gatto,
e la mucca (muu!) mucca (muu!) mu-mu-mucca...
nella vecchia fattoria ia-ia-o!

B. L'alfabeto italiano. You will hear the names of the letters of the Italian alphabet, along with male and female Italian names. Listen and repeat, imitating the speaker. Starting in Chapter 1, you will practice the pronunciation of most of these letters individually.

a	a	Andrea	Antonella
b	bi	Bernardo	Beatrice
c	ci	Carlo	Cecilia
d	di	Daniele	Donatella
e	e	Emanuele	Enrica
f	effe	Fabrizio	Federica
g	gi	Giacomo	Gabriella
h	acca*		
i	i	Italo	Irene
l	elle	Luca	Lorella
m	emme	Marco	Marcella
n	enne	Nicola	Nora
o	o	Osvaldo	Ombretta
p	pi	Paolo	Patrizia
q	cu	Quirino	Quirina
r	erre	Roberto	Roberta
s	esse	Sergio	Simona
t	ti	Tommaso	Teresa
u	u	Umberto	Ursola
v	vu	Vittorio	Vanessa
z	zeta	Zeno	Zita

Now listen to the pronunciation of the following five letters, which are used in Italian with words of foreign origin. Repeat each one after the speaker.

j	i lunga
k	cappa
w	doppia vu
x	ics
y	ipsilon

C. Lettere. Repeat the following abbreviations or formulas after the speaker.

1. K.O.
2. PR
3. LP
4. H_2O
5. CD
6. PC
7. S.O.S
8. P.S.
9. DVD
10. Raggi X

---

*There are no Italian proper names beginning with **h**.

D. Come si pronuncia? You will hear the spelling of eight words you may not know. Write them down and then try to pronounce them. Repeat the response. Then check your answers and their translations in the Answer Key.

> ESEMPIO: *You hear:*   a-doppia erre-e-di-a-emme-e-enne-ti-o
> *You write:*   arredamento
> *You say:*   arredamento
> *You hear:*   arredamento
> *You repeat:*   arredamento

1. _____   5. _____

2. _____   6. _____

3. _____   7. _____

4. _____   8. _____

E. Vocali. Listen to and repeat the sounds of the seven Italian vowels and some words in which they are used. Note that vowels **e** and **o** have both closed and open forms.

Vocabolario preliminare

chiuso   *closed*
aperto   *open*

a	patata, casa, sala, banana
e chiuso	sete, e, sera, verde
e aperto	letto, è, bello, testa
i	pizza, vino, birra, timo
o chiuso	nome, dove, ora, volo
o aperto	posta, corda, porta, bosco
u	rude, luna, uno, cubo

F. Ancora vocali. Repeat each word after the speaker.

1. pazzo / pezzo / pizzo / pozzo / puzzo
2. casa / case / casi / caso
3. lana / lena / Lina / luna
4. auto / aiuto / iuta / uva / uova / Europa / aiuola

G. Consonanti *c e g*. C and **g** each have two sounds in Italian. Their sound is hard (as in English *cat* and *get*) when followed directly by **a, o, u,** or **h.** Their sound is soft (as in English *chain* and *giraffe*) when followed directly by **e** or **i.** Repeat each word after the speaker.

1. cane / casa / gatto / gamba   4. Cina / chilo / giro / ghiro
2. cibo / cera / gesso / gita   5. gotta / Giotto / cotta / cioccolato
3. cena / che / getta / ghetto   6. custode / ciuffo / gusto / giusto

H. Consonanti doppie. In this exercise you will practice the difference between single and double consonant sounds. Repeat each word after the speaker. Note that vowels before a double consonant are shorter in length than vowels before a single consonant. Notice the differences in pronunciation in the following two pairs of words.

> **carro** (short **a** sound) ≠ **caro** (long **a** sound)
> **cassa** (short **a** sound) ≠ **casa** (long **a** sound)

1. pala / palla   5. dita / ditta
2. moto / motto   6. sete / sette
3. fato / fatto   7. papa / pappa
4. nono / nonno   8. sono / sonno

I. Accento tonico. Can you hear where the stress falls in an Italian word? Underline the stressed vowel in each of the following words. You will hear each word twice. Then check your answers in the Answer Key.

1. grammatica
2. importanza
3. partire
4. partirò
5. musica
6. trentatré
7. subito
8. umiltà
9. abitano
10. cantavano

J. Accento scritto. Can you tell where a written accent is used in Italian? Remember, if written accents appear in Italian, they do so only on the final syllable of a word when that syllable is stressed. Add a grave accent (`) only when necessary to the following words. You will hear each word twice. Then check your answers in the Answer Key.

1. prendere
2. prendero
3. caffe
4. universita
5. cinquanta
6. civilta
7. virtu
8. tornare

D. Numeri da uno a cento

A. Numeri. Repeat the numbers after the speaker.

0	zero	11	undici	30	trenta
1	uno	12	dodici	40	quaranta
2	due	13	tredici	50	cinquanta
3	tre	14	quattordici	60	sessanta
4	quattro	15	quindici	70	settanta
5	cinque	16	sedici	80	ottanta
6	sei	17	diciassette	90	novanta
7	sette	18	diciotto	100	cento
8	otto	19	diciannove	900	novecento
9	nove	20	venti	1000	mille
10	dieci	21	ventuno	2000	duemila

B. Prefissi e numeri di telefono (*Area codes and telephone numbers*). Repeat the following area codes and phone numbers after the speaker.

ESEMPIO: *You read and hear:* (0574) 46-07–87
You say: prefisso: zero-cinque-sette-quattro;
numero di telefono: quarantasei-zero sette-ottantasette

1. (0574) 46-86-30
2. (055) 66-43-27
3. (06) 36-25-81-48
4. (02) 61-11-50
5. (075) 23-97-08
6. (0573) 62-91-78

E. Il calendario

A. I mesi. Repeat the names of the months in Italian, after the speaker.

gennaio	maggio	settembre
febbraio	giugno	ottobre
marzo	luglio	novembre
aprile	agosto	dicembre

B. In che mese? You will hear a series of questions about national holidays. Each question will be said twice. Listen carefully, then say the name of the month in which each holiday falls. Repeat the response.

> ESEMPIO: *You hear:* In che mese è il giorno di Cristoforo Colombo?
> *You say:* In ottobre.
> *You hear:* In ottobre.
> *You repeat:* In ottobre.

1. ... 2. ... 3. ... 4. ...

C. Compleanni (*Birthdays*). Your Italian cousin wants to update her electronic calendar with her Italian-American relatives' birthdays. Help her by giving your family's birthdays in Italian style. Read the dates aloud as in the example and repeat the response.

> ESEMPIO: *You read:* Marcello, June 2, 1964
> *You hear:* Quando è nato Marcello?
> *You say:* Marcello, il due giugno millenovecentosessantaquattro.
> *You hear:* Marcello, il due giugno millenovecentosessantaquattro.
> *You repeat:* Marcello, il due giugno millenovecentosessantaquattro.

1. Andrea, August 21, 1965
2. Stefania, September 24, 1966
3. Fabrizio, June 19, 1987
4. Mario, March 29, 1932
5. Luca, February 5, 1981
6. Rossana, May 7, 1959

D. Giorni della settimana (*Days of the week*). Write down the days of the week as you hear them. Then say them in the correct order. Check your answers in the Answer Key.

1. _____   5. _____
2. _____   6. _____
3. _____   7. _____
4. _____

E. Che stagione? You will hear a series of months. You will hear each month twice. Listen carefully, then circle the name of the season in which the month falls.

> ESEMPIO: *You hear:* febbraio
> *You circle:* primavera   estate   autunno   (inverno)

1. primavera   estate   autunno   inverno
2. primavera   estate   autunno   inverno
3. primavera   estate   autunno   inverno
4. primavera   estate   autunno   inverno

F. Mesi, stagioni, anni, giorni della settimana... Annalisa has many questions for Paolo. Each part of their dialogue will be read three times. The first time, listen carefully. The second time, number the sentences from 1 to 6. The third time, check for the correct order. Then check your answers in the Answer Key.

Part 1:

_____ In che anno?

_____ In settembre.

_____ Quanti anni hai allora?

_____ Nel millenovecentosettantaquattro.

_____ Ho ventisei anni.

_1_ Paolo, in che mese sei nato?

Part 2:

_____ In che stagione sei nato?

_1_ Sai in che giorno della settimana sei nato?

_____ Sono nato di venerdì.

_____ Il 29 settembre.

_____ Che giorno del mese?

_____ In autunno.

F. Parole simili

A. Perché l'italiano? Listen to and repeat the correct pronunciation for Italian words that you probably use in English. Pay attention to the difference in pronunciation between the way you probably say the name and the way the native Italian speaker does.

1. I nomi della moda (*fashion*)
   Valentino, Armani, Versace, Dolce e Gabbana, Ferragamo, Laura Biagiotti, Gucci, Benetton
2. I nomi dell'arte
   Michelangelo, Giotto, Raffaello, Tiziano (*Titian*), Botticelli, Cellini
3. I nomi della letteratura
   Dante Alighieri, Giovanni Boccaccio, Niccolò Machiavelli, Giacomo Leopardi, Luigi Pirandello, Italo Calvino, Umberto Eco, Dario Fo
4. I nomi del cinema: registi (*directors*)
   Bernardo Bertolucci, Federico Fellini, Luchino Visconti, Pier Paolo Pasolini, Sergio Leone, Michelangelo Antonioni, Martin Scorsese, Francis Ford Coppola
5. I nomi del cinema: attori
   Sophia Loren, Marcello Mastroianni, Roberto Benigni, Robert DeNiro, Danny Aiello, Danny DeVito
6. I nomi della storia (*history*) e della politica
   Cristoforo Colombo, Giuseppe Garibaldi, Benito Mussolini, Fiorello La Guardia, Al Capone, Rudy Giuliani, Mario Cuomo, Geraldine Ferraro

B. Benvenuti in Italia! You will hear a person introduce himself twice. The first time, listen carefully for specific details. **Attenzione!** The information is not given exactly in the order requested in the list. The second time, listen and complete the information. Then check your answers in the Answer Key. Scan the list now.

1. nome _____ cognome _____

2. data di nascita _____

3. città di residenza _____

4. città di nascita _____

5. professione _____

6. destinazione _____

C. Tocca a te! Now it is time to introduce yourself. You will be asked a few questions. Listen to each question, then stop the tape and write the answer in the space provided. When you are done and you start the tape again, the questions will be repeated and sample answers will be given, followed by a pause for you to say your answer. Check your answers in the Answer Key.

1. _____

2. _____

3. _____

4. _____

1

Name _____

Date _____

Class _____

BENVENUTI A TUTTI!

VOCABOLARIO PRELIMINARE

A. Per cominciare. You will hear a short dialogue from the main text followed by a series of statements about the dialogue. Each statement will be read twice. Circle **vero** if the statement is true or **falso** if it is false.

CLIENTE: Buon giorno. Un biglietto per Venezia, per favore.
IMPIEGATO: Ecco. Sono 23.000 lire.
CLIENTE: Ah, scusi, un'informazione. C'è un ufficio cambi qui in stazione?
IMPIEGATO: No, ma c'è una banca qui vicino, in piazza Verdi.
CLIENTE: Grazie e arrivederci.
IMPIEGATO: Prego! Buona giornata.

1. vero   falso

2. vero   falso

3. vero   falso

B. In una stazione italiana. You will hear a dialogue followed by five questions. You will hear the dialogue twice. The first time, listen carefully, paying attention to rhythm and intonation. The second time, Patrick's lines will be followed by pauses for repetition. Then answer the questions. Repeat the response.

PATRICK: Buon giorno. Ho una (*I have a*) prenotazione per due persone per Firenze, con un treno Eurostar.
IMPIEGATO: Scusi, un momento. Che cognome, prego?
PATRICK: Willis.
IMPIEGATO: Come si scrive?
PATRICK: Doppia Vu- I -Doppia Elle- I- Esse. Willis.
IMPIEGATO: Bene, ecco i due biglietti per Firenze e il supplemento per l'Eurostar. Va bene?
PATRICK: Va bene. Scusi, un'informazione. C'è un ufficio postale qui in stazione?
IMPIEGATO: No, non in stazione, ma qui vicino, in Via Gramsci.
PATRICK: Grazie e arrivederci.
IMPIEGATO: Prego! Buona giornata!

1. ...   2. ...   3. ...   4. ...   5. ...

C. Mezzi di trasporto. You will hear five vehicle sounds. Listen carefully to the tape, then tell which vehicle you associate with the sound you hear. Use **È** (*It's . . .*) in your answer. Repeat the response.

ESEMPIO: *You hear:* (train sounds)
You read: un treno / un aeroplano
You say: È un treno.

1. un'auto / una moto
2. un autobus / una macchina
3. un aeroplano / un treno
4. una moto / una bicicletta
5. un treno / un autobus

D. Luoghi. You will hear six sounds of places around town. Listen carefully, then name the place you associate with the sound you hear. Use È (*It's . . .*) in your answer. Repeat the response.

ESEMPIO: *You hear:* (bells ringing)
You say: È una chiesa.

1. ...   2. ...   3. ...   4. ...   5. ...   6. ...

E. In città. You will hear a series of statements about where things are located in the city center. You will hear each statement twice. Listen carefully, then circle **vero** if the statement is true or **falso** if it is false. First, stop the tape and look over the map.

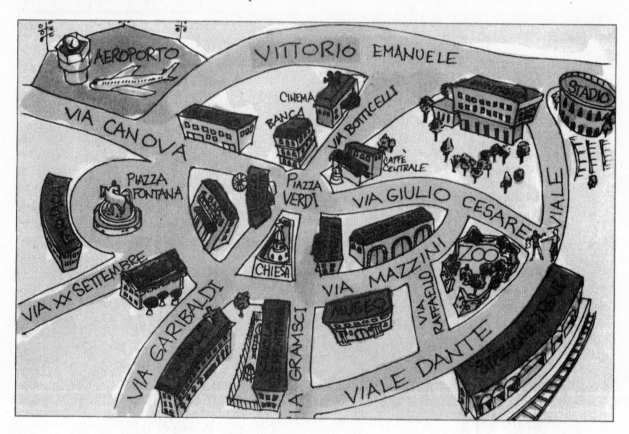

ESEMPIO: *You hear:* C'è una farmacia in piazza Verdi.
You circle: vero / (falso)

1. vero   falso   4. vero   falso
2. vero   falso   5. vero   falso
3. vero   falso   6. vero   falso

GRAMMATICA

A. Nomi: genere e numero

A. Per cominciare. You will hear a dialogue from the main text. You will hear the dialogue twice. The first time, listen carefully. The second time the dialogue will be read with pauses for repetition. Pay careful attention to rhythm and intonation.

VENDITORE:	Panini, banane, gelati, vino, caffè, aranciata, birra...
TURISTA AMERICANA:	Due panini e una birra, per favore!
VENDITORE:	Ecco, signorina! Diecimila lire.
TURISTA AMERICANA:	Ecco dieci dollari. Va bene?

B. In una stazione. Alessandra, Marco, and their son Leonardo are waiting for their train. It's past noon and they are getting hungry. You will hear their dialogue twice. Complete the chart by marking an X in the box corresponding to the food or drink bought for each person. Check your answers in the Answer Key. Scan the chart now.

	Panino	Banana	Gelato	Vino	Aranciata	Caffè	Birra
Alessandra							
Marco							
Leonardo							

C. Maschile o femminile? You will hear eight words twice. Indicate their gender by circling **maschile o femminile** (masculine or feminine), as appropriate.

ESEMPIO: *You hear:* ristorante

You circle: (maschile) femminile

1. maschile   femminile
2. maschile   femminile
3. maschile   femminile
4. maschile   femminile
5. maschile   femminile
6. maschile   femminile
7. maschile   femminile
8. maschile   femminile

D. Singolare e plurale. Give the plural forms of the following words. Repeat the response.

ESEMPIO: *You hear:* macchina
You say: macchine

1. ...   2. ...   3. ...   4. ...   5. ...   6. ...

B. Articolo indeterminativo e **buono**

A. Facendo le valigie (*Packing*). Fabio is packing his bags for a trip to the United States. He is listing all of the things he will need. Listen carefully to his list and check the items that he needs to take with him. You will hear the list twice. Check your answers in the Answer Key.

un biglietto aereo   un diario

una borsa grande   una mappa della città

una carta di credito   un passaporto

una carta d'identità   uno zaino

B. Un buon caffè in aeroporto... Fabio savors his last Italian coffee at the airport bar and comments on how good all the food is. First, stop the tape and complete the following passage with the correct form of **buono.** Then start the tape and listen to Fabio's praise. Check your answers in the Answer Key.

FABIO: Che _____[1] bar è questo! Ha un _____[2] espresso, un _____[3]

cappuccino e _____[4] panini, una _____[5] aranciata, una _____[6]

birra, un _____[7] vino, e _____[8] liquori.

C. Auguri (*Best wishes*). At Fabio's departure his family exclaimed, **Buon viaggio!** Now send your wishes using the following list of words, with the appropriate forms of **buono.** Say each expression in the pause after the item number. Repeat the response.

> ESEMPIO: *You read:*   viaggio
> *You say:*   Buon viaggio!

1. Natale (*m., Christmas*)
2. Pasqua (*Easter*)
3. anno (*New Year*)
4. appetito
5. domenica
6. fortuna (*luck*)
7. fine settimana (*m., weekend*)
8. vacanza (*vacation*)

C. Pronomi soggetto e presente di avere

A. Per cominciare. You will hear a dialogue twice. The first time, listen carefully. The second time, it will be read with pauses for repetition. Pay careful attention to rhythm and intonation.

MASSIMO: E Lei, signora, ha parenti in America?

SIGNORA PARODI: No, Massimo, non ho parenti, solo amici. E tu, hai qualcuno?

MASSIMO: Sì, ho uno zio in California e una zia e molti cugini in Florida.

B. Parenti, amici, cugini in America. The following dialogue will be read twice. The first time, listen carefully. The second time, write the missing words. Check your answers in the Answer Key.

MASSIMO: Ecco qui, signora Parodi, in questa foto _____[1] sono con uno zio a Disneyland e qui sono a Miami, con un cugino. _____[2] sono (*They are*) di Los Angeles.

SIGNORA PARODI: _____[3] parenti in America?

MASSIMO: Sì, _____[4] uno zio e un cugino in California e una zia e cugini in Virginia.

SIGNORA PARODI: _____[5] molti cugini?

MASSIMO: Sì, otto. E _____[6] e il Signor Parodi, _____[7] parenti in America?

SIGNORA PARODI: No, Massimo, non _____[8] parenti, solo amici.

C. Cosa abbiamo? Tell what the following people have, using the oral and written cues. Repeat the response.

ESEMPIO: *You read and hear:* tu
You hear: una macchina
You say: Tu hai una macchina.

1. Roberto ed io
2. Giancarlo e Patrizia
3. tu e Elisa
4. una studentessa
5. uno studente

D. Una domanda? You will hear some phrases that can be either statements or questions. Each phrase will be read twice. Listen carefully to the intonation used and circle *statement* or *question*, as appropriate.

ESEMPIO: *You hear:* Hai fame.

You circle: (statement)   question

1. statement   question

2. statement   question

3. statement   question

4. statement   question

5. statement   question

6. statement   question

E. Fare domande. Ask questions based on the following drawings. Use the oral and written cues. Repeat the response.

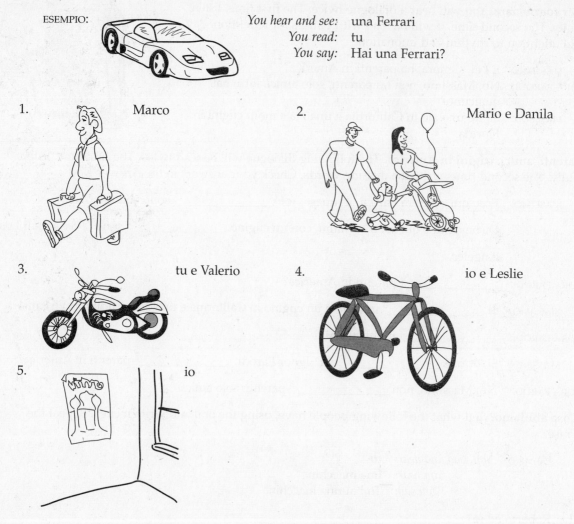

ESEMPIO:

You hear and see: una Ferrari
You read: tu
You say: Hai una Ferrari?

1. Marco

2. Mario e Danila

3. tu e Valerio

4. io e Leslie

5. io

F. Persone, persone... You will hear a series of statements. Circle the pronoun that refers to the subject of each sentence. As you know, Italian doesn't need to have an expressed subject in its sentences, since the verb endings tell who is doing what. Concentrate on the verb endings and circle the corresponding subject pronoun.

1. io   tu

2. noi   voi

3. io   lei

4. noi   loro

5. lui   voi

6. tu   lei

D. Espressioni idiomatiche con **avere**

A. Come sta Gilda? Look at the illustrations and tell how Gilda is doing today. Respond during the pause after each item number. Repeat the response.

ESEMPIO: *You see:*

You say: Gilda ha freddo.

1.

2.

3.

4.

5.

B. Ho... You will hear a dialogue twice. The first time, listen carefully. The second time, write the missing words. Check your answers in the Answer Key.

ANGELO: Oh, che caldo. Non _____[1] caldo, Silvia?

SILVIA: Un po', ma sto bene così.

ANGELO: E sete? Io _____[2] proprio sete adesso.

Hai _____[3] di una birra?

SILVIA: No, grazie, ma ho _____[4]. Ho voglia

_____[5] un panino.

ANGELO: Chissà se c'è un bar in questa stazione.

SILVIA: Sì, c'è, ma non _____⁶ tempo, solo cinque minuti.

ANGELO: _____⁷ _____⁸, non è una buona idea. Oh, ma guarda, c'è un venditore...

Qui, per favore!

C. Fame, freddo, sete, caldo, sonno. State a logical conclusion to each sentence that you hear about the following people. Write your answer in the space provided. Check your answers in the Answer Key.

ESEMPIO: *You read:* Mario
             You hear: Mario ha voglia di un panino.
  You say and write: Ha fame.

1. Alessandro: _____

2. io: _____

3. Anna: _____

4. Sonia: _____

5. Riccardo: _____

6. tu: _____

D. E tu? Answer the following questions about yourself. Answer each question in the pause provided.

1. ...   2. ...   3. ...   4. ...   5. ...

PRONUNCIA: THE SOUNDS OF THE LETTER *c*

As you learned in the **Capitolo preliminare, c** represents two sounds: [k] as in the English word *cat,* and [č] as in the English word *cheese.* Remember that **c** *never* represents the [s] sound in Italian.

A. *C* dura. The [k] sound occurs when **c** is followed directly by **a, o, u, h,** or another consonant. Listen and repeat.

1.	caldo	6.	clima
2.	come	7.	crema
3.	cugina	8.	macchina
4.	che	9.	fresche
5.	chi	10.	ics

B. *C* dolce. The [č] sound occurs when **c** is followed directly by **e** or **i**. Listen and repeat.

1.	cena	6.	piacere
2.	città	7.	ricetta
3.	ciao	8.	aranciata
4.	ciglio	9.	diciotto
5.	ciuffo	10.	piaciuto

C. *C* e doppia *c*. Compare and contrast the single and double sound. Note the slight change in vowel sound when the consonant following is doubled. Listen and repeat.

1.	aceto / accetto	3.	bacato / baccano
2.	caci / cacci	4.	cucù / cucchiaio

D. Parliamo italiano! You will hear each sentence twice. Listen and repeat.

1. Il cinema è vicino al supermercato.
2. Cameriere, una cioccolata ed un caffè, per piacere!
3. Come si pronuncia bicicletta?
4. Michelangelo è un nome, non un cognome.
5. Ciao Carlo, come va? —Così così.

DIALOGO

Prima parte. At the train station in Perugia; Gina and Massimo are awaiting Filippo's arrival. Listen carefully to the dialogue.

Espressioni utili

dimmi	*tell me*
un sacco di vestiti	*a lot of clothes*
non scherzare	*don't tease*

GINA: Allora, chi è questo Filippo? Quanti anni ha? Di dov'è?

MASSIMO: È un professore di musica di Bruxelles. Ha trentacinque anni, ed è un buon amico di famiglia.

GINA: Che nome per un abitante di Bruxelles. Filippo... Filippe?

MASSIMO: No, Filippo, Filippo è nato a Roma.

GINA: Hai una foto?

MASSIMO: No, ma ecco Filippo, lì, finalmente!... Mamma mia! Ha due valigie e due borse!

FILIPPO: Ciao, Massimo! Come va?

MASSIMO: Ciao, Filippo! Bene, grazie.

GINA: Ciao, Filippo. Io sono Gina. Benvenuto a Perugia!

FILIPPO: Piacere!

MASSIMO: Dimmi, Filippo, hai bisogno di un sacco di vestiti per questa vacanza?

FILIPPO: Ma no, non scherzare, in una valigia ho solo libri. Ho due corsi di italiano qui all'Università e a luglio ho un esame alla Scuola Interpreti e Traduttori di Trieste. Ho bisogno di studiare!

GINA: Addio vacanza, allora!

Seconda parte. Rewind the tape and listen to the dialogue again. Pay particular attention to places and numbers pertaining to Filippo.

Terza parte. Read the statements and circle **vero** if the statement is true and **falso** if it is false. Correct the statements that are false, according to the dialogue. Listen to the tape for the correct answers. Then check your written answers in the Answer Key.

1. Filippo è un professore di italiano.   vero   falso

   _____

2. Filippo ha 32 anni.   vero   falso

   _____

3. Filippo è di Roma.   vero   falso

   _____

4. Filippo è nato a Roma.   vero   falso

   _____

5. Filippo ha due valigie e due borse.   vero   falso

_____

6. Filippo è in Italia per una vacanza.   vero   falso

_____

ED ORA ASCOLTIAMO!

You will hear a conversation between Dottor Ricci and Signora Bini. Listen carefully, as many times as you need to. Pay attention to the possible location of the dialogue, and Dottor Ricci's needs and actions.

Now stop the tape and complete the sentences about Dottor Ricci.

1. Il dottor Ricci è in
   a. un bar.   b. una chiesa.
2. Il dottor Ricci ha
   a. fretta.   b. fame.
3. Il dottor Ricci ha... oggi.
   a. un appuntamento   b. una lezione
4. Il dottor Ricci ha bisogno di
   a. un caffè.   b. un libro.

DETTATO

La punteggiatura (*Punctuation*). The following punctuation marks will be read with pauses for repetition.

punto (.) *period*	apostrofo (') *apostrophe*
virgola (,) *comma*	aperta parentesi (*open parentheses*
punto e virgola (;) *semi-colon*	chiusa parentesi) *close parentheses*
due punti (:) *colon*	aperte virgolette « *open quote*
punto esclamativo (!) *exclamation mark*	chiuse virgolette » *close quote*
punto interrogativo (?) *question mark*	

What's in Filippo's suitcase? You will hear a brief dictation three times. The first time, listen carefully. The second time, the dictation will be read with pauses. Write what you hear. The third time, check what you have written. Pay particular attention to punctuation. Write on the lines provided. Check your dictation in the Answer Key.

Ecco che cosa _____

_____

_____

_____

_____

_____

_____

SARA IN ITALIA

Sara Washington, a graduate student at the University of Wisconsin, is traveling through Italy to perfect her Italian. You will accompany her on her adventures as she meets and converses with Italians from throughout the peninsula.

Today she is on a plane, heading to Italy. An Italian gentleman is about to sit next to her. You will hear their conversation. Listen carefully, as many times as you need to. Answer the questions you hear. Repeat the response.

1. ...   2. ...   3. ...   4. ...

Name _____

Date _____

Class _____

2 LA CLASSE E I COMPAGNI

VOCABOLARIO PRELIMINARE

A. Per cominciare. You will hear a dialogue from the main text. You will hear the dialogue twice. The first time, listen carefully. The second time it will be read with pauses for repetition.

ANDREA: Ecco una foto di una mia amica, Pamela. Lei è di Boulder, una città del Colorado.

VALERIA: È davvero bella...

ANDREA: Oh sì, Pamela è straordinaria: è simpatica, divertente, sensibile ed è anche molto gentile...

VALERIA: Hai ragione, sono sicura che Pamela ha una grande pazienza, perché tu sei sempre stressato e nervoso.

B. La classe e i compagni. You will hear a passage in which Angelo describes his first day of class. The passage will be read three times. The first time, listen carefully. The second time, complete the chart. The third time, check what you have written. Check your answers in the Answer Key.

Aula: _____

Numeri di studenti: _____

Descrizione di Caterina: _____

Descrizione di Enrico: _____

Descrizione di Angelo: _____

C. Nazionalità. You find yourself in a classroom full of international students. Identify the students' nationality and the language they speak. Repeat the response.

ESEMPIO: *You read and hear:*   Robert è di Minneapolis.
You say: Robert è americano e parla (*speaks*) inglese.

1.   Amy è di Denver.
2.   Marc è di Ottawa.
3.   Keiko è di Tokio.
4.   Angelo è di Torino.
5.   Kurt è di Berlino.
6.   Héctor è di Città del Messico.
7.   María è di Madrid.
8.   Jean-Paul è di Aix-en-Provence.

D. Una famiglia europea. You will hear a passage about a family, followed by a series of statements. You will hear both the passage and the statements twice. Listen carefully, then indicate whether the statements you hear are **vero o falso,** true or false.

1. vero   falso   4. vero   falso

2. vero   falso   5. vero   falso

3. vero   falso

GRAMMATICA

A. Aggettivi

A. Per cominciare. You will hear a dialogue from the main text, followed by two lists of adjectives describing Pamela and Andrea. Listen carefully and complete the phrases by circling all the adjectives that describe Pamela and Andrea.

ANDREA: Ecco una foto di una mia amica, Pamela. Lei è di Boulder, una città del Colorado.
VALERIA: È davvero bella...
ANDREA: Oh sì, Pamela è straordinaria: è simpatica, divertente, sensibile ed è anche molto gentile...
VALERIA: Hai ragione, sono sicura che Pamela ha una grande pazienza, perché tu sei sempre stressato e nervoso!

1. Pamela è: bella   divertente   gentile   nervosa   sensibile   simpatica   stressata

2. Andrea è: bello   divertente   gentile   nervoso   sensibile   simpatico   stressato

B. Dal maschile al femminile. Change each expression you hear from masculine to feminine. Repeat the response.

> ESEMPIO: *You hear:*   bambino buono
> *You say:*   bambina buona

1. ...   2. ...   3. ...   4. ...   5. ...   6. ...

C. Opinioni divergenti. You and Claudio don't see eye to eye. For each of his remarks give the opposite reaction. Repeat the response.

> ESEMPIO: *You hear:*   Che ragazzo simpatico!
> *You say:*   Che ragazzo antipatico!

1. ...   2. ...   3. ...   4. ...   5. ...   6. ...

D. Non uno, due! Point out two of the things Giovanna indicates. Repeat the response.

> ESEMPIO: *You hear:* Ecco una bella casa.
> *You say:* Ecco due belle case.

1. ... 2. ... 3. ... 4. ... 5. ... 6. ...

E. Un americano a Firenze. Gerry has just arrived in Florence. He is calling Francesca, who is hosting him. They have a mutual friend, Salvatore, but have never met. You will hear the phone conversation twice. The first time, listen carefully. The second time, complete the sentences describing Gerry and Francesca.

> **Parole utili:**
> Pronto?   *Hello?*
> gli occhiali   *glasses*
> la barba   *beard*
> uno zaino   *backpack*
> un vestito   *dress, suit*

1. Gerry è...
   a. alto, biondo, con gli occhiali
   b. alto, con la barba e gli occhiali
   c. basso, capelli neri, barba
2. Francesca è...
   a. di statura media, capelli lunghi
   b. alta, bionda, capelli corti
   c. bionda, con il vestito nero
3. Gerry ha anche...
   a. uno zaino rosso
   b. un vestito nero
   c. gli occhiali neri

F. Identikit. You need to meet Marco, your Italian host, at the train station. Ask him questions about what he looks like, listen to his answers, and then answer the questions he asks you. No personal answers will be given on the tape.

Frasi utili: Sono di statura media (*average height*). Ho gli occhiali / le lenti a contatto (*contact lenses*). Ho gli occhi azzurri / verdi / neri / castani. Ho i capelli biondi / castani / rossi / neri / grigi / bianchi / lunghi / corti / ricci / lisci.

> ESEMPIO: *You read and ask:* Hai gli occhiali?
> *You hear:* Sì, ho gli occhiali, e tu?
> *You say:* Sì, ho gli occhiali. / No, non ho gli occhiali.

1. Di che statura sei?
2. Di che colore hai gli occhi?
3. Di che colore hai i capelli?
4. Come hai i capelli?
5. Hai gli occhiali o le lenti a contatto?

G. Molto o molto? Add the correct form of **molto** to the following sentences. Repeat the response.

> ESEMPIO: *You hear and read:* Maria è timida.
> *You say:* Maria è molto timida.

1. Pietro è curioso.
2. Roberta è sincera e sensibile.
3. Luca non ha amici.
4. Luigi è triste.
5. Annalisa ha pazienza.
6. Gli spaghetti di Enrica sono buoni.

H. Perugia, una tipica città italiana... Read the following passage and complete it with the correct form of **molto**. Start the tape and listen to the completed passage. The passage will be read twice. The second time it will be read with pauses for repetition. Check your answers in the Answer Key.

Questa è Perugia, una città _____*molto*_____ [1] bella, in Umbria. Ci sono _____ [2] monumenti famosi, _____ [3] musei e _____ [4] chiese. Gli abitanti sono _____ [5] orgogliosi (*proud*) di questa città.

Purtroppo (*Unfortunately*) ci sono anche _____ [6] turisti e _____ [7] traffico.

Insomma, non c'è _____ [8] pace (*peace*) nel centro storico.

B. Presente di **essere**

A. Chi sono Simone, Emanuele e Roberto? You will hear a passage about these three roommates. You will hear the passage twice. The first time listen carefully. The second time, complete the information. Check your answers in the Answer Key. Scan the list now.

Età e professione di Simone: _____

Età e professione di Emanuele: _____

Com'è Emanuele? _____

Età e professione di Roberto: _____

Com'è Roberto? _____

Chi sono Rodolfo e Macchia? _____

Com'è Rodolfo? _____

Com'è Macchia? _____

B. Una festa a casa di Sabrina. Complete the dialogue with the correct form of **essere**. Then start the tape, listen to the dialogue and answer the questions. Repeat the response. Check your written answers in the Answer Key.

SABRINA: Sandro, _____ [1] libero stasera? C'_____ [2] una festa a casa mia.

SANDRO: Ah sì, e chi c'_____ [3]?

SABRINA: Ci _____ [4] i miei compagni di classe: Marta, Alba, Luigi e Marco.

SANDRO: Come _____ [5]?

SABRINA: _____ [6] ragazzi simpatici. _____ [7] nello stesso corso di Letteratura inglese. Marta e Alba _____ [8] due sorelle gemelle di diciannove anni, e hanno già un appartamento tutto per loro in Trastevere. Luigi e Marco _____ [9] molto divertenti e hanno molti amici.

SANDRO: Va bene, vengo. Grazie per l'invito!

1. ... 2. ... 3. ... 4. ...

C. Nazionalità. You have friends from all over the world. Tell about them using the information you hear and the following nationalities. Repeat the response.

> ESEMPIO: *You hear:* Katia e Ivan
> *You read:* russo
> *You say:* Katia e Ivan sono russi.

1. polacco
2. italiano
3. irlandese
4. olandese
5. messicano
6. coreano
7. giapponese
8. tedesco

D. Un viaggio in Italia. You are showing Silvana a picture of the town where you stayed in Italy. Answer her questions, according to the cues. Repeat the response. First, take a moment to look at the drawing.

> ESEMPIO: *You hear:* C'è una banca?
> *You say:* No, ci sono due banche.

1. ...   2. ...   3. ...   4. ...   5. ...   6. ...

C. Articolo determinativo e **bello**

A. Per cominciare. You will hear a dialogue from the main text. You will hear the dialogue twice. The first time, listen carefully. The second time, it will be read with pauses for repetition. Pay careful attention to rhythm and intonation.

DONATELLA: Ecco la nonna e il nonno, la zia Luisa e lo zio Massimo, papà e mamma molti anni fa... Carini, no?

GIOVANNA: E i due in prima fila chi sono?

DONATELLA: Sono gli zii di Chicago.

B. Una lista per un cocktail party... You and your roommate are writing down a list of items to buy for a cocktail party. Confirm your roommate's choices according to the cues. Add the definite article. Repeat the response.

> ESEMPIO: *You hear:* rum?
> *You say:* Il rum va bene!

1. aranciata?   5. grappa?
2. vino?   6. espresso?
3. scotch?   7. Coca-Cola?
4. birra?   8. acqua tonica?

C. La nuova città. Describe your new city using the following adjectives. Repeat the response.

> ESEMPIO: *You read:* grande
> *You hear:* piazze
> *You say:* Le piazze sono grandi.

1. nuovo   5. famoso
2. piccolo   6. antico
3. vecchio   7. grande
4. elegante

D. Che bello! You are impressed with everything in your new Italian town. Use a form of **bello** to describe each item. Repeat the response.

> ESEMPIO: *You hear:* museo
> *You say:* Che bel museo!

1. ...   2. ...   3. ...   4. ...   5. ...   6. ...   7. ...   8. ...

PRONUNCIA: THE SOUND OF THE LETTER *s*

The letter **s** represents two sounds in Italian: [s] as in the English word *aside,* and [z] as in the English word *reside.*

A. *S sorda.* The [s] sound occurs (1) at the beginning of a word, when **s** is followed by a vowel; (2) when **s** is followed by **ca, co, cu, ch,** or by **f, p, q,** or **t**; (3) when **s** is doubled. Listen and repeat.

1. salute   6. scandalo   11. spaghetti
2. sete   7. scolastico   12. squadra
3. simpatico   8. scuola   13. stadio
4. soldi   9. schema   14. basso
5. supermercato   10. sfera

B. *S sonora.* The [z] sound occurs (1) when **s** is followed by **b, d, g, l, m, n, r,** or **v** and (2) when **s** appears between vowels. Listen and repeat.

1. sbagliato   5. smog   9. posizione
2. sdraio   6. snob   10. uso
3. sgobbare   7. sregolato   11. rose
4. slogan   8. sveglio   12. visitare

C. *S e doppia s.* Contrast the pronunciation of single and double **s** in these pairs of words. Listen and repeat.

1. casa / cassa   3. mesi / messi   5. rose / rosse
2. base / basse   4. risa / rissa   6. illuso / lusso

D. Parliamo italiano! You will hear each sentence twice. Listen and repeat.

1. Sette studentesse sono snelle.
2. Non sono dei grossi sbagli di pronuncia.
3. Tommaso ha sei rose rosse.
4. Gli studenti sbadigliano spesso.
5. Non siete stanchi di sgobbare?

DIALOGO

Prima parte. Aeroporto internazionale Malpensa 2000, Milano. Dawn, una studentessa di italiano di una università americana, è arrivata in Italia.

Listen carefully to the dialogue.

Espressioni utili

non preoccuparti!	*don't worry!*
capelli biondi	*blond hair*
capelli lisci	*straight hair*
ho gli occhiali	*I have glasses*
di statura media	*average height*
robusto	*large boned*
capelli castani	*brown hair*
baffi	*moustache*
cravatta verde	*green tie*

LUCIA: Pronto?

DAWN: Pronto, buon giorno, c'è Alberto per favore? Sono l'amica di David, Dawn.

LUCIA: Ciao Dawn, benvenuta in Italia! Sì, Alberto è qui, un momento...

ALBERTO: Ciao Dawn, come va? Dove sei?

DAWN: Tutto bene, grazie. Sono in aeroporto. Come arrivo lì?

ALBERTO: Vengo io in macchina, non preoccuparti!

DAWN: Grazie mille, ma non c'è l'autobus per il centro da questo aeroporto?

ALBERTO: Sì, c'è un autobus per la stazione centrale, ma non preoccuparti, vengo io in macchina! Piuttosto, come sei?

DAWN: Alta, capelli biondi, lisci, ho gli occhiali, e ho due valigie nere con me. E tu?

ALBERTO: Di statura media, robusto, capelli castani, baffi, e oggi porto una bella cravatta verde!

DAWN: Bene allora, a tra poco! Grazie di tutto!

Seconda parte. Rewind the tape and listen to the dialogue again. Pay particular attention to information describing Dawn and Alberto, her Italian host.

Terza parte. Read the statements and circle **vero** if the statement is true and **falso** if it is false. Correct the statements that are false, according to the dialogue. Listen to the tape for the correct answers. Then check your written answers in the Answer Key.

1. Dawn è l'amica di Alberto.   vero   falso

_____

2. Dawn è all'aeroporto.   vero   falso

_____

3. C'è un autobus per la stazione centrale.   vero   falso

_____

4. Alberto viene a prendere (*to pick up*) Dawn in macchina. vero falso

_____

5. Dawn è alta, con capelli biondi e lisci. vero falso

_____

6. Alberto è alto e biondo. vero falso

_____

ED ORA ASCOLTIAMO!

Three people will introduce themselves to you. Listen carefully as many times as you need to. Write the name of the person next to the portrait that matches the description.

_____   _____   _____

DETTATO

You will hear a brief dictation three times. The first time, listen carefully. The second time, the dictation will be read with pauses. Write what you hear. The third time, check what you have written. Write on the lines provided. Check your dictation in the Answer Key.

In quest'aula _____

_____

_____

_____

_____

_____

_____

_____

SARA IN ITALIA

Sara is in Northern Italy and today is doing a personality test with Silvia, a friend who lives on the shores of Lake Como. Silvia is not flattered by the result. You will hear their conversation. Listen carefully, as many times as you need to. Then complete the phrases you hear. Repeat the response.

Parole utili:
Aggettivi: aggressivo, ambizioso, curioso, disordinato (*messy*), insicuro, orgoglioso (*proud*), timido

Nomi: L'aggressività, l'ambizione, la curiosità, il disordine, l'insicurezza, l'orgoglio (*pride*), la timidezza

1. Silvia è molto...
2. La caratteristica principale di Silvia è la...
3. Il difetto principale di Silvia secondo Silvia è che è...
4. Secondo Sara il risultato del test non è...

3
MIA SORELLA STUDIA ALL'UNIVERSITÀ

VOCABOLARIO PRELIMINARE

A. Per cominciare. You will hear a dialogue from the main text, followed by three questions. You will hear the dialogue twice. The first time, listen carefully. The second time, it will be read with pauses for repetition. Then answer the questions. Repeat the response.

STEFANO:	Ciao, mi chiamo Stefano, e tu?
PRISCILLA:	Priscilla, sono americana.
STEFANO:	Sei in Italia per studiare?
PRISCILLA:	Sì, la lingua e la letteratura italiana.
STEFANO:	Oh, parli bene l'italiano!
PRISCILLA:	Grazie! Studio anche la storia dell'arte. E tu, cosa studi?
STEFANO:	Studio storia e filosofia, ma l'arte è la mia passione!

1. ... 2. ... 3. ...

B. In che corso? You will hear five questions based on the following drawings. Answer each question and repeat the response. Scan the drawings now.

ESEMPIO: *You hear:*   In che corso siamo?
           You say: In un corso di antropologia.

C. Io studio... You will hear Annarita introduce herself and talk about her subjects of study. You will hear the monologue twice. The first time, listen carefully. The second time, write the missing words. The first one has been done for you. Check your answers in the Answer Key.

Ciao, mi chiamo Annarita e sono una studentessa di liceo (*high school*). Studio ___*filosofia*___,

_____[1] e _____[2]. Purtroppo (*Unfortunately*) devo studiare (*I must study*) anche

_____[3] e _____[4]. C'è anche una materia che detesto: _____[5]. Infatti (*In fact*) non sono brava in _____[6]; sono brava in _____[7]. La mia materia preferita è

_____[8]. _____[9] è invece (*instead*) per me una materia noiosa, e anche molto

difficile.

D. Una famiglia di professori e studenti. You will hear a dialogue between two students, Alberto and Raffaela, as they are waiting to take an oral exam at the University. You will hear the dialogue twice. The first time, listen carefully. The second time, it will be read with pauses for repetition. Then complete the sentences that follow.

Parole utili

essere severo	*to be strict*
mi aiuta	*helps me*
essere fortunato	*to be lucky*

1. Raffaella ha un esame di...
   a. matematica.   b. fisica.   c. biologia.
2. Secondo Alberto i professori sono...
   a. molto severi.   b. bravi.   c. importanti.
3. La sorella di Alberto studia...
   a. matematica.   b. fisica.   c. ingegneria.
4. Il fratello di Raffaella studia...
   a. biologia.   b. chimica.   c. fisica.
5. Il padre di Raffaella, il professor Renzi, è un professore di...
   a. ingegneria.   b. fisica.   c. matematica.

GRAMMATICA

A. Presente dei verbi in **-are**

A. Per cominciare. You will hear a passage twice. The first time, listen carefully. The second time, write the missing **-are** verb forms. Check your answers in the Answer Key.

Siamo una famiglia d'insegnanti e di studenti, questo è sicuro. La mamma è professoressa di

matematica in una scuola media. Papà invece _____[1] francese in un liceo scientifico. I miei

fratelli, Gigi e Daniela, _____[2] le elementari, e io _____[3] all'Università.

_____[4] la facoltà di Medicina, _____[5] materie come la biologia, la chimica,

l'anatomia. Sono materie difficili. Tutti _____[6] e _____[7] molto. In famiglia

abbiamo anche un gatto. Soltanto il gatto non _____[8] e non _____[9]. Beato lui!

B. Chi? You will hear a series of sentences. You will hear each sentence twice. Circle the subject to which the sentences refer.

ESEMPIO: *You hear:*   Suonate la chitarra?

   You circle: (a. voi)   b. Virginia

1. a. questa ragazza   b. queste ragazze   4. a. il signor Rossi   b. i signori Rossi
2. a. io   b. lui   5. a. noi   b. loro
3. a. voi   b. tu   6. a. io   b. noi

C. Che confusione! You're at a party with Paolo, who has everything wrong about you and your friends. Correct him using the following information. Repeat the response.

ESEMPIO: *You read:*   Voi lavorate in banca?
   You hear: Sabrina e Ivan
   You say: No, noi non lavoriamo in banca, Sabrina e Ivan lavorano in banca!

1. Tu parli spagnolo?
2. Michela abita a Firenze?
3. Voi studiate giapponese?
4. La professoressa Brown insegna italiano?
5. Tu suoni la chitarra?
6. Victor frequenta il corsa di Economia e Commercio?

B. Dare, stare, andare e fare

A. Per cominciare. You will hear a dialogue from the main text. You will hear it twice. The first time, listen carefully. The second time, it will be read with pauses for repetition.

SERGIO: Che fai per il ponte di Pasqua?
GIACOMO: Patrizia ed io andiamo a casa mia a Napoli.
SERGIO: Andate in macchina, in aereo o in treno?
GIACOMO: Andiamo in treno perché abbiamo pochi soldi. E tu, che fai?
SERGIO: Non vado da nessuna parte. Sto a casa e studio. Mercoledì do gli scritti di chimica.

B. Con che cosa vanno? Look at the drawings and tell how these people are getting about. Use the subjects you hear and the following places. Repeat the response.

ESEMPIO: *You see and read:* in Italia

You hear: Giulia
You say: Giulia va in Italia in aereo.

1.  all'università

2.  a Roma

3.  a casa

4.  in centro

5.  a Firenze

C. Una persona curiosa. Rebecca is very curious about everything today. You will hear her questions twice. Answer according to the cues. Repeat the response.

> ESEMPIO: *You hear:* Fai il letto tutti i giorni?
> *You read:* sì
> *You say:* Sì, faccio il letto tutti i giorni.

1. no 2. sì 3. no 4. sì 5. sì 6. no

D. La vita degli studenti. Fabio and Laura have a tough week ahead of them. You will hear a dialogue about their week twice. The first time, listen carefully. The second time, write the missing verbs. Check your answers in the Answer Key.

LAURA: Ciao... come _____[1]?

FABIO: Così così. Ho gli orali di storia dell'arte domani, è un esame terribile! _____[2] a casa a

studiare stasera.

LAURA: _____[3] altri esami questa settimana?

FABIO: Sì, mercoledì ho gli scritti di latino.

LAURA: Sei pronto?

FABIO: Sì, ma devo _____4 attento a non sbagliare i verbi. E tu, _____5 esami in

questa sessione?

LAURA: Sì, _____6 gli scritti di lingua e letteratura francese la settimana prossima.

_____7 a casa a studiare tutto il weekend. Il mio francese è così così, e gli scritti sono

difficili, il dettato specialmente!

FABIO: Perché non _____8 a studiare insieme a casa mia? Io studio storia dell'arte e latino e tu

prepari francese, va bene?

E. Qualche domanda anche per te... (*A few questions for you too*). Answer the following questions orally about your life as a student.

1. ... 2. ... 3. ... 4. ...

C. Aggettivi possessivi

A. Per cominciara. You will hear a dialogue from the main text twice. The first time, listen carefully. The second time, Roberto's lines will be read with pauses for repetition.

GIANNI: Chi è il tuo professore preferito?
ROBERTO: Be', veramente ho due professori preferiti: il professore di biologia e la professoressa d'italiano.
GIANNI: Perché?
ROBERTO: Il professore di biologia è molto famoso: i suoi libri sono usati anche nelle università americane. Anche la professoressa d'italiano è molto brava; apprezzo la sua pazienza e il suo senso dell'umorismo.

B. La mia professoressa preferita è... You will hear a continuation of the dialogue between Gianni and Roberto, followed by three questions. You will hear the dialogue twice. The first time, listen carefully. The second time, the part of Gianni will be read with pauses for repetition. Then answer the questions in writing. Check your answers in the Answer Key.

Frasi utili

lo dico subito	*I'll say it outright*
anzi	*in fact*
affascinante	*fascinating*
scelta	*choice*
fidanzata	*girlfriend*

ROBERTO: E i tuoi professori come sono?
GIANNI: Io non sono imparziale, lo dico subito: ho solo un professore preferito, anzi, una professoressa, l'assistente di astronomia. Le sue lezioni sono sempre super-affascinanti...
ROBERTO: Mmmmmm... Che bella scelta! Non è forse la tua fidanzata questa assistente? Non insegna astronomia qui all'Università?
GIANNI: Vero, vero, è proprio la mia fidanzata, hehehehe.

1. Chi è l'insegnante preferito di Gianni? _____

2. Che cosa è super-affascinante? _____

3. Perché Gianni non è imparziale nella sua scelta? _____

C. Dov'è? You're very absent-minded today. Ask where your things are. Repeat the response.

> ESEMPIO: *You hear:* libro
> *You say:* Dov'è il mio libro?

1. ... 2. ... 3. ... 4. ... 5. ... 6. ... 7. ... 8. ...

D. Possessivi con termini di parentela

A. Per cominciare. You will hear a passage from the main text. You will hear the passage twice. The first time, listen carefully. The second time, it will be read with pauses for repetition.

> Mi chiamo Carla. Ecco la mia famiglia. Io sono la ragazza bionda, bassa e un po' cicciotta. Mio padre è medico. Lavora all'ospedale in centro. Mia madre è infermiera e lavora con mio padre. Il mio fratellino si chiama Tonino. Lui è cattivo e antipatico. Mi fa sempre arrabbiare! Noi abbiamo un cane. Il nostro cane si chiama Macchia perché è bianco e nero.

B. Un albero genealogico (*A family tree*). You will hear a passage in which Riccardo describes his family. You will hear the passage three times. The first time, listen carefully. The second time, complete the family tree with the appropriate relative term and that relative's profession (**professione**). The third time, check your answers. Check your completed information in the Answer Key. Then complete the statements, based on the passage. Scan the family tree illustration now.

Parole utili: nubile (*f., single*), parente (*relative*), sposata (*f., married*)

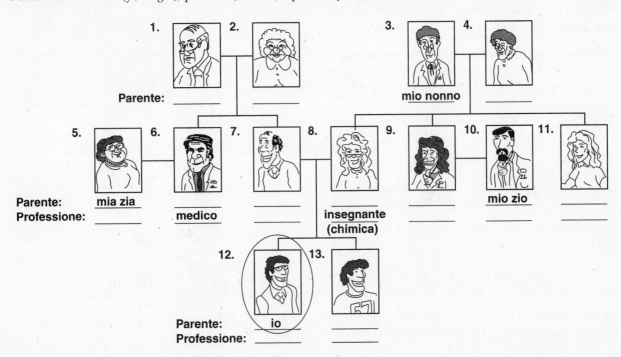

Now complete the following statements both in writing and orally. Repeat the response. Then check your written answers in the Answer Key. The first one has been done for you.

1. _____*Il*_____ _____*suo*_____ fratellino è studente di fisica.

2. _____ _____ insegna matematica.

3. _____ _____ insegna chimica.

4. La moglie di _____ _____ è professoressa di biologia.

5. _____ _____ _____ nubile è segretaria.

6. I _____ _____ sono dentisti.

7. _____ zio è medico.

8. _____ _____ nonni abitano a Napoli.

C. La mia famiglia. Riccardo is your guest at a family gathering. Point out your relatives to him. Repeat the response.

> ESEMPIO: *You read:* lo zio Giulio, professore
> *You say:* Ecco mio zio Giulio. Lui è professore.

1. le cugine Barbara e Daniela / studentesse di medicina
2. i nonni / in pensione (*retired*)
3. il papà / medico
4. la zia Anna / dentista
5. fratello / studente
6. il cugino Emanuele / architetto

D. E il tuo albero genealogico? Answer the following six questions orally based on your own family tree.

1. ... 2. ... 3. ... 4. ... 5. ... 6. ...

E. Questo e quello

A. Per cominciare. You will hear a dialogue from the main text twice. The first time, listen carefully. The second time, the dialogue will be read with pauses for repetition.

MIRELLA: Quale compri, questo golf rosso o quel golf giallo e verde?
SARA: Compro quel golf giallo e verde. E tu, cosa compri? Questa maglietta blu è molto bella, ma è bella anche quella maglietta grigia.
MIRELLA: Non lo so. Tutt'e due sono belle.

B. Quale? Giacomo is unsure which people you're talking about. Answer the questions with the appropriate form of **quello**. Repeat the response.

> ESEMPIO: *You hear:* Quale ragazza?
> *You say:* Quella ragazza.

1. ... 2. ... 3. ... 4. ... 5. ... 6. ... 7. ... 8. ...

PRONUNCIA: THE SOUNDS OF THE LETTER *g*

As you learned in the **Capitolo preliminare,** the letter **g** represents two sounds in Italian: [g] as in the English word *go* and [ğ] as in the English word *giant*.

A. *G dura.* The [g] sound occurs when **g** is followed directly by **a, o, u, h,** or most other consonants. Listen and repeat.

1. gatto
2. gondola
3. guidare
4. ghetto
5. grasso

B. *G dolce.* The [ǧ] sound occurs when **g** is followed directly by **e** or **i.** Listen and repeat.

1. gennaio
2. giapponese
3. giorno
4. giurisprudenza
5. antropologia

C. *G e doppia g.* Contrast the pronunciation of the single and double **g** sounds in these pairs of words. Listen and repeat.

1. fuga / fugga
2. lego / leggo
3. agio / maggio
4. pagina / paggio

D. *Gl e gn.* The clusters **gl** and **gn** have special sounds. Most of the time, **gl** is pronounced like the *ll* in the English word *million,* while **gn** is similar in sound to the first *n* in the English word *onion.* Listen and repeat.

1. gli
2. sbagliato
3. foglio
4. meglio
5. gnocchi
6. spagnolo
7. ingegneria
8. gnomo

E. Parliamo italiano! You will hear each sentence twice. Listen and repeat.

1. Lo spagnolo e l'inglese sono due lingue.
2. È uno sbaglio tagliare gli agli sulla tovaglia.
3. Ecco gli insegnanti di psicologia.
4. Gli ingegneri giapponesi arrivano in agosto.
5. Giugno e luglio sono due mesi meravigliosi.
6. Giovanna e Gabriella sono giovani.

DIALOGO

Prima parte. È il 30 giugno. Mariella, Stefano e Patrizia studiano per gli esami di maturità. Mariella e Patrizia frequentano il Liceo Scientifico. Stefano frequenta il Liceo Classico.

Listen carefully to the dialogue.

Espressioni utili

esame di maturità	*secondary school exit exam*
Non ne posso più!	*I can't take it anymore!*
Sono sfinita!	*I'm exhausted!*
Per fortuna	*Fortunately*
Lasciamo perdere!	*Forget about it! / Let's drop the subject!*
Beati voi!	*Lucky you! (pl.)*
punto forte	*strong point*
appunti	*notes*

MARIELLA: Non ne posso più! Sono sfinita! Per fortuna tra due giorni cominciano gli scritti: lunedì italiano, martedì matematica, e poi ancora una settimana prima degli orali.

PATRIZIA: Sei pronta? Io no! Sto ancora ripassando tutto il Rinascimento ma il mio grosso problema è la trigonometria.

MARIELLA: Se hai voglia, stasera possiamo studiare insieme. Ripassiamo l'esistenzialismo, il neorealismo e facciamo un po' di matematica.

PATRIZIA: Perfetto, porto i miei appunti di italiano.

MARIELLA: Ciao, Stefano! Sei ancora vivo? Come va il ripasso?

STEFANO: Lasciamo perdere! Sto ancora preparando greco e latino per gli scritti. Beati voi al Liceo Scientifico! Non fate greco! Per noi, al Liceo Classico, è una materia importantissima.

PATRIZIA: Ma noi abbiamo chimica! Quando hai gli orali?

STEFANO: Tra due settimane purtroppo. Le interrogazioni orali non sono il mio punto forte... la mia paura è di dimenticare tutto quando sono lì, davanti ai professori!

PATRIZIA: Studi con noi per gli orali?

STEFANO: O.K.! Per me va benissimo. Dove?

MARIELLA: A casa mia, stasera alle otto. Portate tutti i vostri appunti!

Seconda parte. Rewind the tape and listen to the dialogue again. Pay particular attention to exam subjects and schedules pertaining to Mariella, Patrizia, and Stefano.

Terza parte. Read the statements and circle **vero** if the statement is true and **falso** if it is false. Correct the statements that are false, according to the dialogue. Listen to the tape for the correct answers. Then check your written answers in the Answer Key.

1. Gli esami scritti cominciano oggi.   vero   falso

   _____

2. Il problema di Patrizia è la trigonometria.   vero   falso

   _____

3. Mariella e Patrizia studiano stasera.   vero   falso

   _____

4. Stefano sta preparando gli scritti di greco e latino.   vero   falso

   _____

5. Al Liceo Scientifico gli studenti fanno greco.   vero   falso

   _____

6. Stefano studia per gli orali con le ragazze.   vero   falso

   _____

ED ORA ASCOLTIAMO!

You will hear a description of Lisa. Listen carefully, as many times as you need to. Then you will hear six statements. Circle **vero** or **falso**.

1. vero   falso   3. vero   falso   5. vero   falso

2. vero   falso   4. vero   falso   6. vero   falso

DETTATO

You will hear a brief dictation three times. The first time, listen carefully. The second time, the dictation will be read with pauses. Write what you hear. The third time, check what you have written. Write on the lines provided. Check your dictation in the Answer Key.

Mariella, Stefano e Patrizia, _____

_____

_____

_____

_____

_____

_____

_____

SARA IN ITALIA

Sara is in Verona, where she meets Massimo, an Italian acquaintance. Listen carefully, as many times as you need to. Then answer the questions you hear. You will hear the questions twice.

1. a. a Verona   b. all'Arena
2. a. «Madame Butterfly»   b. «Turandot»
3. a. all'Arena   b. a studiare
4. a. materie scientifiche b. materie letterarie
5. a. domani   b. il mese prossimo

Capitolo

4

FORZA AZZURRI!

Name _____

Date _____

Class _____

VOCABOLARIO PRELIMINARE

A. Per cominciare. You will hear a dialogue from the main text twice. The first time, listen carefully. The second time it will be read with pauses for repetition.

LORENZO: Ciao Rita! Ciao Alessandro! Cosa fate oggi?

ALESSANDRO: Vado a giocare a tennis con Marcello, e poi a casa: c'è un bel film alla TV.

RITA: Io invece vado a fare l'aerobica con Valeria, e poi abbiamo un appuntamento con Vittoria per studiare. C'è un esame di matematica domani.

ALESSANDRO: E tu, Lorenzo, che programmi hai?

LORENZO: Mah, oggi non ho voglia di fare niente...

RITA: Che novità, è il tuo passatempo preferito!

B. Cosa fanno? Look at the drawings and answer the questions about what the people are doing. Repeat the response.

ESEMPIO: *You see:*

You hear: Mauro fa l'aerobica o ascolta i dischi?
You say: Mauro ascolta i dischi.

1.

2.

3.

4.

5.

6.

C. Cosa facciamo stasera? You will hear the following dialogue twice. The first time, listen carefully. The second time, write the missing words. Check your answers in the Answer Key.

Frasi utili

alla TV non danno mai	*on TV there's never*
fare un giro a piedi	*to go out for a walk*
guardare le vetrine	*to look at the shop window displays*
un modo elegante per dire	*a nice way of saying*
le camere da letto	*bedrooms*
la sala da pranzo	*dining room*
il bagno	*bathroom*
la cucina	*kitchen*

PIERA: Romolo, cosa _____ [1] stasera?

ROMOLO: Mah, non lo so... _____ [2] al cinema? O _____ [3] un film alla TV?

PIERA: No, non _____ [4] _____ [5] di andare al cinema... E alla TV non _____ [6] mai niente d'interessante.

ROMOLO: E allora che _____ [7] fare? Perché non _____ [8] un giro a piedi, andiamo in centro e _____ [9] le vetrine...

PIERA: Ma Romolo, nevica! _____ [10] troppo freddo!

ROMOLO: Sì, nevica ma non tira vento, e cosa vuoi fare, _____ [11] l'inverno in casa?

PIERA: Ma no...

ROMOLO: Insomma, che vuoi fare? Un caffè, allora?

PIERA: No, niente caffè... sai, piuttosto, _____ [12] proprio bisogno di _____ [13] la casa...

ROMOLO: Eh ora _____ [14]! Qui no, là no, insomma, un modo elegante per dire che abbiamo bisogno di pulire la casa. E va bene, ma io _____ [15] le camere da letto e la sala da pranzo, tu _____ [16] il bagno e la cucina!

GRAMMATICA

A. Presente dei verbi in -ere e -ire

A. Per cominciare. You will hear a monologue from the main text followed by three completion sentences. You will hear the monologue twice. The first time, listen carefully. The second time it will be read with pauses for repetition. Then indicate the best completion to each sentence.

È una serata come tutte le altre in casa Bianchi: Franca e Sergio guardano la televisione, la mamma preferisce leggere una rivista e il padre legge il giornale. La nonna scrive una lettera ai parenti in America.

1. _____
   a. preferisce scrivere una lettera.
   b. preferisce leggere una rivista.

2. ____ a. guarda la televisione.   3. ____ a. scrive una lettera.
         b. legge il giornale.   b. legge un libro.

B. E tu cosa fai la sera? You will hear ten questions about your own evening activities. You will hear each question twice. Tell how often you do the given activity by checking the appropriate column: **sempre, spesso,** or **mai** (*never*).

	SEMPRE	SPESSO	MAI
1.			
2.			
3.			
4.			
5.			
6.			
7.			
8.			
9.			
10.			

C. Una serata a casa Magnani... You will hear a monologue describing the evening activities at Francesco Magnani's house. You will hear the monologue twice. The first time, listen carefully. The second time, write notes on each person's evening activity. Then complete each statement orally, when you hear the name of the person. Repeat the response.

La nonna _____

La mamma _____

Il papà _____

I fratelli _____

Luigino _____

Francesco _____

B. Dire, uscire, venire; dovere, potere e volere

A. Per cominciare. You will hear a dialogue from the main text. You will hear the dialogue three times. The first time, listen carefully. The second time, number the script that follows from 1 to 8. Number one has been done for you. The third time, check the order. Then check your answers in the Answer Key.

_____ Quando tornate?

_____ No, grazie, non possiamo. Dobbiamo pulire il frigo.

_____ No, non possiamo. Dobbiamo fare un viaggio molto lungo.

_____ Mai!

_____ No, non possiamo. Dobbiamo lavarci i capelli.

_____ Be', volete uscire domani sera?

__1__ Volete andare al cinema stasera?

_____ Allora volete fare qualcosa questo week-end?

B. Grazie! You are teaching little Rebecca manners by pointing out to her who always says **grazie.** Answer her questions according to the cues. Repeat the response.

> ESEMPIO: *You hear:* E Rossella?
> *You say:* Rossella dice sempre «grazie!»

1. ... 2. ... 3. ... 4. ... 5. ...

C. Quando? Say what night of the week you and your friends go out. Repeat the response.

> ESEMPIO: *You read:* il sabato
> *You hear:* noi
> *You say:* Noi usciamo il sabato.

1. il lunedì   4. il mercoledì
2. la domenica   5. il venerdì
3. il giovedì

D. Anch'io! It's a beautiful day, and everyone's coming to Marco's picnic. Answer his questions as in the example. Repeat the response.

> ESEMPIO: *You hear:* E tu?
> *You say:* Vengo anch'io!

1. ... 2. ... 3. ... 4. ... 5. ...

E. Desideri. Tell what everyone wants for the holidays using the oral and written cues and the correct form of **volere.** Repeat the response.

> ESEMPIO: *You read:* gatto
> *You hear:* Marta e Sara
> *You say:* Marta e Sara vogliono un gatto.

1. bicicletta   4. chitarra
2. cravatta   5. orologio
3. disco   6. libro

F. Doveri. Francesco cannot believe that people ever skip fun activities because they have to study. Answer his questions using the appropriate forms of **non potere** and **dovere studiare.** Repeat the response.

> ESEMPIO: *You hear and read:* Perché non andate a ballare?
> *You say:* Non possiamo andare a ballare. Dobbiamo studiare.

1. Perché non guardi la televisione?   3. Perché non va a nuotare?
2. Perché non giocano a tennis?   4. Perché non uscite con gli amici?

G. Desideri, bisogni, doveri e possibilità... Using the information you read and the verbs you hear, say what kind of activities the following people wish to, need to, must or can perform. Repeat the response.

ESEMPIO: *You read:* Marco / suonare il piano / stasera
You hear: volere
You say: Marco vuole suonare il piano stasera.

1. Io e Mirko / andare a teatro / domani
2. Luigi / fare lezioni di arti marziali / questo semestre
3. Io / usare il computer / oggi pomeriggio
4. Rosa e Amanda / correre la maratona / questo mese
5. Paola e Riccardo / pulire la casa / questo fine settimana
6. Tu / cucinare per tutti / domani

C. Pronomi di oggetto diretto

A. Per cominciare. You will hear a dialogue followed by three questions. You will hear the dialogue twice. The first time, listen carefully. The second time, Clara's lines will be read with pauses for repetition. Then answer the questions. Repeat the response.

ANNAMARIA: Clara, in casa tua chi lava i piatti?
CLARA: Che domanda! Li lava Benny!
ANNAMARIA: E chi pulisce la casa?
CLARA: La pulisce Benny!
ANNAMARIA: E chi fa il letto ogni mattina?
CLARA: Lo fa Benny!
ANNAMARIA: E la cucina? E le altre faccende?
CLARA: Le fa Benny! Le fa Benny!
ANNAMARIA: Che marito adorabile! Come deve amarti Benny... E tu che fai tutto il giorno?
CLARA: Lavoro con i robot. Programmo Benny con il computer!

1. ... 2. ... 3. ...

B. Clara dà una festa... You will hear a dialogue followed by four questions. You will hear the dialogue twice. The first time, listen carefully. The second time, Clara's lines will be read with pauses for repetition. Then answer the questions orally by selecting the appropriate response. Repeat the response.

ANNAMARIA: Mi inviti alla festa?
CLARA: Certo che ti invito!
ANNAMARIA: Inviti anche Marco?
CLARA: Certo che lo invito!
ANNAMARIA: E Maria?
CLARA: Certo che la invito!
ANNAMARIA: Compri le pizze e le bibite?
CLARA: Certo che le compro!
ANNAMARIA: Prepari panini per tutti?
CLARA: Certo che li preparo. Così mangiamo bene e ci divertiamo!

1. ... 2. ... 3. ... 4. ...

Sì, li invita.
Sì, le compra.
No, non lo compra.
Sì, la invita.

C. Una ricetta (*recipe*) **facile facile... Pasta alla carbonara!** Your Italian roommate is teaching you to cook pasta carbonara. You will hear her say each line of the recipe carefully. Rephrase each sentence she says with the appropriate direct object pronoun. Repeat the response.

Parole utili

prendere	*to take*	sbattere	*to beat*
mettere	*to put*	il pepe	*pepper*
l'acqua	*water*	la pancetta	*bacon*
bollire	*to boil*	mescolare	*to mix*
il sale	*salt*	al dente	*firm*
le uova	*eggs*	scolare	*to drain*

ESEMPIO: *You hear and read:* Prendo tutti gli ingredienti e metto gli ingredienti qui.
   You say: Prendo tutti gli ingredienti e li metto qui.

1. Prendo l'acqua e metto l'acqua a bollire.
2. Prendo il sale e metto il sale nell'acqua.
3. Prendo gli spaghetti e metto gli spaghetti nell'acqua.
4. Prendo le uova e sbatto le uova.
5. Prendo il pepe e la pancetta e mescolo il pepe e la pancetta con le uova.
6. Quando gli spaghetti sono al dente, scolo gli spaghetti.
7. Prendo la salsa e metto la salsa sugli spaghetti.
8. Servo la pasta e mangio subito la pasta.

D. L'ora

A. La giornata di Luca. You will hear a passage from the main text describing Luca's day. You will hear the passage twice. The first time, listen carefully. The second time, write the time that he does each activity. The first one has been done for you. Check your answers in the Answer Key.

Orario:

1. ____8.00____ Studiare fisica   5. _____ Studiare in biblioteca

2. _____ Lezione di chimica   6. _____ Giocare a calcio

3. _____ Incontrare gli amici 7. _____ Cenare con Gabriella

4. _____ Pranzare

B. Che ore sono? Tell the time using the 12-hour clock and the appropriate time expression: **di mattina, del pomeriggio, di sera** or **di notte.** Repeat the response.

ESEMPIO: *You see:*

You say: Sono le otto meno dieci di mattina. *o* Sono le sette e cinquanta di mattina.

1.    2.    3.

4.  5.  6.

C. Adesso tocca a te! You will hear six questions about your daily routine. You will hear each question twice. Answer according to the cues.

1. Alle otto di mattina sono...
2. Faccio colazione alle...
3. A mezzogiorno sono...
4. Di solito vado in biblioteca alle...
5. Vado a letto alle...
6. All'una di notte sono...

PRONUNCIA: THE SOUNDS OF THE COMBINATION *sc*

The combination **sc** represents two sounds: [sk] as in the English word *sky,* and [š] as in the English word *shy.*

A. *Sc* **dura.** The [sk] sound occurs when **sc** is followed directly by **a, o, u, h,** or another consonant. Listen and repeat.

1. scandalo
2. sconto
3. scusa
4. schema
5. scrive
6. tedeschi

B. *Sc* **dolce.** The [š] sound occurs when **sc** is followed directly by **e** or **i.** Listen and repeat.

1. scena
2. scelta
3. scendere
4. scienza
5. sciopero
6. prosciutto

C. Parliamo italiano! Listen and repeat.

1. Cos'è il «Gianni Schicchi»? È un'opera; io ho il disco.
2. Tosca esce con uno scultore tedesco.
3. Perché non pulisci le scarpe?
4. Posso lasciare i pesci con il prosciutto?
5. Francesco preferisce sciare con questi sci.
6. «Capire fischi per fiaschi» significa capire una cosa per un'altra.

DIALOGO

Prima parte. Milano: Giovanna corre verso il Libraccio, famoso negozio di libri usati quando vede la sua amica Rossana. Listen carefully to the dialogue.

Frasi utili

verso	*towards*
di fretta	*in a hurry*
da queste parti	*around here*
la riunione	*meeting*
gli extracomunitari	*usually, African or Eastern European immigrants, but officially, any person that is not a citizen of the European Union*
il carabiniere	*policeman*
la casalinga	*homemaker*
il capolavoro	*masterpiece*

essere in ritardo	*to be late*
scappare	*to run*
respirare	*to breathe*
D'accordo!	*All right! Agreed!*

ROSSANA: Giovanna! Dove vai così di fretta?

GIOVANNA: Ciao, Rossana! Vado a vendere i libri dell'anno scorso e a cercare quelli di quest'anno. E tu? Cosa fai da queste parti?

ROSSANA: C'è una riunione al Centro di solidarietà per gli extracomunitari per discutere di vari problemi: case, lavoro, scuole... vieni anche tu!

GIOVANNA: Purtroppo non posso. Alle sei devo essere a casa di Alessandra. Da stasera segue un corso di ceramica: è la sua passione! Io faccio la baby-sitter di sua figlia. Dorme sempre, così posso fare i miei esercizi di yoga. E dopo cena cosa fai?

ROSSANA: Vado a vedere *Il ladro di bambini*, quel bel film su un carabiniere e due bambini... finalmente non il solito carabiniere delle vignette, ma uno simpatico e sensibile. Tu che programmi hai?

GIOVANNA: Io devo assolutamente finire un romanzo eccezionale. È l'autobiografia di Clara Sereni, scrittrice e casalinga. Un capolavoro!

ROSSANA: Conosco la Sereni, è molto brava... Aiuto! Sono in ritardo, devo proprio scappare. Domani facciamo un giro in bicicletta?

GIOVANNA: Perché no? Possiamo andare in campagna a respirare un po' d'aria pura.

ROSSANA: Allora, d'accordo! Va bene alle cinque?

GIOVANNA: Certo, a domani. Bye-bye!

Seconda parte. Rewind the tape and listen to the dialogue again. Pay particular attention to information describing the activities of Giovanna, Rossana, and their friend Alessandra.

Terza parte. Read the statements and circle **vero** if the statement is true and **falso** if it is false. Correct the statements that are false, according to the dialogue. Listen to the tape for the correct answers. Then check your written answers in the Answer Key.

1. Giovanna ha fretta.

_____

vero   falso

2. Al Centro di solidarietà le persone discutono di casa, lavoro e scuole.

_____

vero   falso

3. Giovanna deve andare con Alessandra ad un corso di ceramica.

_____

vero   falso

4. La figlia di Alessandra fa esercizi di yoga.

_____

vero   falso

5. Dopo cena una delle ragazze va al cinema.

_____

vero   falso

6. Una delle ragazze vuole finire l'autobiografia di Clara Sereni.

_____

vero   falso

ED ORA ASCOLTIAMO!

Vieni con me? You will hear a conversation between Patrizio and Graziella. Listen carefully as many times as you need to. Then you will hear five questions. Indicate the correct answer.

1. _____   a.   Gianni Amelio   b.   Roberto Benigni

2. _____   a.   «La vita è bella»   b.   «Il ladro di bambini»

3. _____   a.   una recensione su Gianni Amelio   b.   una mostra (*exhibit*) fotografica

4. _____   a.   guardare un film in videocassetta   b.   fare fotografie

5. _____   a.   vanno al cinema   b.   fanno fotografie

DETTATO

You will hear a brief dictation three times. The first time, listen carefully. The second time, write what you hear. The third time, check what you have written. Write on the lines provided. Check your dictation in the Answer Key.

Giovanna e Rossana _____

_____

_____

_____

_____

_____

_____

_____

_____

SARA IN ITALIA

Sara is now in Venice. She has met a gondolier and they are bargaining over the price of a ride when . . .
Listen carefully, as many times as you need to. Then answer the questions you hear. You will hear the
questions twice.

1. a. È avventuroso.   b. È affascinante.   c. È romantico.
2. a. È una buon'idea.   b. È troppo caro.   c. È pericoloso.
3. a. È una buon'idea.   b. È troppo caro.   c. È pericoloso.
4. a. Le fa un giro speciale.   b. Le fa una fotografia.   c. Le fa un prezzo (*price*) speciale.

Capitolo

5 PRENDIAMO UN CAFFÈ

Name _____

Date _____

Class _____

VOCABOLARIO PRELIMINARE

A. Per cominciare. You will hear a dialogue from the main text. You will hear the dialogue twice. The first time, listen carefully. The second time, Andrea's lines will be read with pauses for repetition.

ANDREA:	Silvia... cosa prendi?
SILVIA:	Un cappuccino.
ANDREA:	Non mangi? Non fare complimenti. Io mangio sempre!
SILVIA:	No, di solito non faccio colazione la mattina.
ANDREA:	*(alla cassiera)* Allora... un cappuccino, un caffè e... tre paste.
SILVIA:	Tre paste? Hai proprio fame!
IL BARISTA:	Desiderano?
ANDREA:	Un cappuccino, un caffè e tre paste. Ecco lo scontrino.

B. E voi, cosa prendete di solito? You will hear three monologues in which Bruna, Mario, and Rolando tell about their breakfast habits. You will hear the three monologues twice. The first time, listen carefully. The second time, check the items that each one eats for breakfast. Listen to the tape for the answers. Scan the list of items now.

Espressioni utili

di rado   *seldom*
qualche volta / certe volte   *at times*

		BRUNA	MARIO	ROLANDO
1.	un caffè (un espresso)	☐	☐	☐
2.	una brioche, un cornetto	☐	☐	☐
3.	un cappuccino	☐	☐	☐
4.	il latte	☐	☐	☐
5.	un tramezzino	☐	☐	☐
6.	una pasta	☐	☐	☐
7.	una bibita in lattina	☐	☐	☐
8.	i cereali	☐	☐	☐
9.	un succo di frutta	☐	☐	☐
10.	le uova strapazzate	☐	☐	☐

C. I signori desiderano?... You will hear Roberto and Giuditta place their orders with the waiter. Listen carefully and correct the statements that are false. Check your answers in the Answer Key.

1. Giuditta prende una spremuta d'arancia.   vero   falso

   _____

2. Roberto prende un tè freddo con ghiaccio.   vero   falso

   _____

3. Roberto prende un panino al prosciutto e formaggio.   vero   falso

   _____

4. Giuditta prende un panino al prosciutto.   vero   falso

   _____

GRAMMATICA

A. Preposizioni articolate

A. Per cominciare. You will hear a monologue about an Italian student, Silvia Tarrone, twice. The first time, listen carefully. The second time the monologue will be read with pauses for repetition.

Tutte le mattine vado al bar alle otto. Faccio colazione di fretta. Prendo un espresso al banco e poi prendo l'autobus delle otto e un quarto per l'università. Frequento i corsi e all'una del pomeriggio mangio alla mensa universitaria con i miei amici. Dopo pranzo, andiamo al bar a prendere un caffè, e poi andiamo a studiare in biblioteca. Verso le quattro ho voglia di uno spuntino. Vado al bar e prendo un tè caldo, col miele. Mangio anche un tramezzino. Verso le cinque prendo l'autobus e torno a casa.

B. Di chi è? You're helping Luciano get things in order after a big party. Help him match up people with belongings using the names you hear and the following information. Repeat the response.

    ESEMPIO: *You read:* il disco
                   You hear: la studentessa
                   You say: il disco della studentessa

1. la bicicletta   3. la chiave   5. i libri
2. il giornale   4. la chitarra   6. la giacca

C. La routine giornaliera di Silvia Tarrone. You will hear Silvia describe her daily routine again. Write notes in the space provided after the questions. Then answer the questions orally. Repeat the response.

1. A che ora va al bar? _____

2. Dove prende il caffè? _____

3. Quale autobus prende? _____

4. Quando va a mangiare? _____

5. Dove mangia? _____

6. Dove va dopo pranzo? _____

7. Dove studia? _____

8. Come prende il tè caldo? _____

B. Passato prossimo con **avere**

A. Per cominciare. You will hear five sentences from the main text. You will hear each sentence twice. The first time, listen carefully. The second time, complete the sentences with the correct past participle from the box. Check your answers in the Answer Key.

bevuto

dato

deciso

pagato

preparato

1. Marcello ha _____ di entrare nel (*go into the*) bar.

2. Marcello ha _____ alla cassa.

3. Marcello ha _____ lo scontrino al barista.

4. Il barista ha _____ un espresso.

5. Marcello ha _____ l'espresso.

B. Già fatto! Explain why some people aren't doing certain things. They already did them! Repeat the response.

ESEMPIO: *You hear:*   Perché non mangia Barbara?
           You say: Perché ha già mangiato.

1. ...   2. ...   3. ...   4. ...   5. ...   6. ...

C. Cosa hai fatto ieri? You will hear a dialogue between Tiziana and Sabrina twice. The first time, listen carefully. The second time, Sabrina's lines will be read with pauses for repetition.

TIZIANA: Cosa hai fatto ieri?

SABRINA: Più o meno le solite cose... Ho studiato per un esame di italiano, ho fatto una pausa per mangiare, ho letto un articolo sul giornale, ho guardato la televisione per rilassarmi, ho scritto un saggio al computer, ho fatto una doccia dopo avere studiato e ho giocato a tennis con Luca.

D. E tu, cosa hai fatto ieri? Now answer the following questions about what you did yesterday. Take notes on your responses in preparation for the summary statements. Then summarize in two sentences what you did and what you did not do.

1. Sì   No   _____

2. Sì   No   _____

3. Sì   No   _____

4. Sì   No   _____

5. Sì   No   _____

6. Sì   No   _____

7. Sì   No   _____

8. Sì   No   _____

Ieri ho... _____

Ieri non ho... _____

C. Passato prossimo con **essere**

A. Per cominciare. You will hear a dialogue from the main text. You will hear the dialogue twice. The first time, listen carefully. The second time it will be read with pauses for repetition.

MARIANNA: Sei andata al cinema ieri sera, Carla?

CARLA: No, Marianna. Gli altri sono andati al cinema; io sono stata a casa e ho studiato tutta la santa sera!

B. *Avere* **o** *essere?* Say who did the following things, according to the cues. Choose either **essere** or **avere** as an auxiliary to form the **passato prossimo.** Repeat the response.

ESEMPIO: *You hear:* Federica
You read: fare la spesa ieri sera
You say: Federica ha fatto la spesa.

1. andare al mare nelle Marche
2. fare una passeggiata per Perugia
3. nascere lo stesso giorno
4. insegnare nello stesso liceo
5. uscire presto di casa
6. partire per New York
7. arrivare all'Isola d'Elba
8. scrivere una lettera a Anna

C. Cosa ha fatto Silvia ieri? You already know Silvia Tarrone's daily routine. She probably did exactly the same things yesterday. Say what she did yesterday beginning with **Ieri...** . Repeat the response.

ESEMPIO: *You hear and read:* Tutte le mattine vado al bar alle otto.
You say: Ieri è andata al bar alle otto.

1. Faccio colazione di fretta: prendo un espresso al banco.
2. Poi prendo l'autobus delle otto e un quarto per l'università.
3. Frequento i corsi e all'una del pomeriggio mangio alla mensa universitaria con gli amici.
4. Dopo mangiato, andiamo al bar a prendere un caffè.
5. Poi andiamo a studiare in biblioteca.
6. Verso le quattro ho voglia di uno spuntino.
7. Vado al bar e prendo un tè caldo, col miele. Mangio anche un tramezzino.
8. Alle cinque prendo l'autobus e torno a casa.

D. **Conoscere** e **sapere**

A. Per cominciare. You will hear a dialogue from the main text followed by four statements. You will hear the dialogue twice. The first time, listen carefully. The second time, Antonio's lines will be read with pauses for repetition. Then circle **vero** if the statement is true or **falso** if it is false.

LUIGI: Conosci Marco?

ANTONIO: No, non lo conosco, ma so che suona il piano e che sa dipingere. È artista e musicista.

LUIGI: Conosci Maria?

ANTONIO: No, non la conosco, ma so che gioca bene a calcio e che sa giocare anche a football.

LUIGI: Tu non conosci molta gente, vero?

ANTONIO: No, questo è vero, ma so molte cose di molte persone!

1. vero   falso
2. vero   falso
3. vero   falso
4. vero   falso

B. Certo che li conosco! A friend asks whether you know certain people. You reply that you know them well. Repeat the response.

> ESEMPIO: *You hear:* Conosci Vittoria?
> *You say:* Sì, la conosco bene!

1. ... 2. ... 3. ... 4. ... 5. ... 6. ...

C. Ma che bravi! You and your friends have many talents. Look at the drawings and tell who knows how to do what, according to the cues. Repeat the response.

> ESEMPIO: *You see:*

> *You read:* ballare
> *You hear:* Piero e Anna
> *You say:* Piero e Anna sanno ballare il tango.

1.   fare   2.   andare

3.   lavorare   4.   leggere

5.   suonare

PRONUNCIA: THE COMBINATIONS *qu* E *cu*

The combination **qu** represents the sound [kw] as in the English word *quick*. The combination **cu** followed by a vowel generally has this same sound. The pronoun **cui,** however, is one common exception to this rule.

A. *Qu e cu.* Practice the sound of **qu** and **cu.** Listen and repeat.

1. quasi
2. questo
3. qui
4. quota
5. cuore
6. cuoio
7. nacqui
8. piacque

B. Parliamo italiano! Listen and repeat the sentences.

1. Mia cugina ha comprato cinque quadri qui.
2. Sono quasi le quattro e un quarto.
3. La qualità di quest'acqua è cattiva.
4. Dove mangiamo di solito quelle quaglie squisite? Qui?

DIALOGO

Prima parte. Oggi pago io! Daniele, Marco e Alessandra sono al bar per una pausa (*break*) di lavoro.

Listen carefully to the dialogue.

DANIELE: Oggi pago io! Marco, che cosa prendi?

MARCO: Oh, una birra per favore. Ho già preso troppi caffè oggi.

DANIELE: E tu, Alessandra?

ALESSANDRA: Per me il solito espresso senza zucchero. E anche un'acqua minerale. Ho davvero sete dopo quel panino al salame che ho mangiato. E tu, che prendi?

DANIELE: Un cappuccino.

MARCO: Un cappuccino? A quest'ora? Non hai fatto colazione? Ma via, il cappuccino a mezzogiorno non puoi prenderlo!

DANIELE: Va bene, va bene, allora un caffè per me! (*Al cassiere*) Due caffè, uno senza zucchero, una birra e un'acqua minerale.

IL CASSIERE: Due caffè, una minerale e una birra in lattina.

DANIELE: Ecco lo scontrino. (*Daniele dà lo scontrino al barista.*)

IL BARISTA: Preparo subito i due caffè... A lei la birra... Scusi, come vuole l'acqua, naturale o gassata?

ALESSANDRA: Naturale, per favore.

IL BARISTA: Del limone con l'acqua?

ALESSANDRA: Sì, grazie.

Seconda parte. Rewind the tape and listen to the dialogue again. Pay particular attention to what Daniele, Marco, and Alessandra order to drink.

Terza parte. Now you will hear four questions. Select the correct response.

1. a. un cappuccino   b. un espresso senza zucchero   c. un panino
2. a. una birra   b. un'acqua minerale   c. un caffè
3. a. fredda   b. gassata   c. naturale
4. a. un cappuccino   b. un'acqua   c. un caffè

ED ORA ASCOLTIAMO!

You will hear three short conversations. Listen carefully as many times as you need to. Circle the place where each one is taking place.

1. a. in taxi   b. in autobus

2. a. in un ristorante   b. al bar

3. a. all'università   b. dal medico

DETTATO

You will hear a brief dictation three times. The first time, listen carefully. The second time, the dictation will be read with pauses. Write what you hear. The third time, check what you have written. Write on the lines provided. Check your dictation in the Answer Key.

Oggi, al bar, _____

_____

_____

_____

_____

_____

_____

_____

_____

From Venice Sara travels to Trieste, Italy's northernmost port city. Here she chats with a lady who tells her about Trieste's cosmopolitan linguistic and ethnic heritage and its role as a **crocevia** or crossroads for many peoples. You will hear their conversation twice. Listen carefully, as many times as you need to. Then answer the questions you hear. You will hear the questions twice.

Parole utili: i romanzi (*novels*), d'inizio secolo (*early [20th] century*), gli scrittori (*writers*), gli slavi (*Slavs*), armeno (*Armenian*), ungherese (*Hungarian*), ebreo (*Jewish*)

1. a. per la posizione geografica
   b. per ragioni climatiche
   c. non ci sono ragioni specifiche
2. a. francesi, italiani e svizzeri
   b. tedeschi, slavi e italiani
   c. greci e italiani
3. a. specialità francesi, cinesi, e ungheresi
   b. solo piatti italiani
   c. piatti austriaci, italiani e ungheresi

6

PRONTO IN TAVOLA!

Name _____

Date _____

Class _____

VOCABOLARIO PRELIMINARE

A. Per cominciare. Sentirai un dialogo dal tuo testo. Sentirai il dialogo due volte. La prima volta, ascolta attentamente. La seconda volta, il dialogo verrà ripetuto con le pause per la ripetizione.

IRENE: Che fame, Fabio! Sono già le sette e mezzo. Cosa facciamo per cena?

FABIO: Non lo so... E poi il frigo è quasi vuoto! Perché non andiamo fuori a mangiare?

IRENE: Buona idea! Ti va una pizzeria? Ho proprio voglia di una pizza...

FABIO: Anch'io... o di un bel piatto di spaghetti! Invitiamo anche Marco e Alessandra?

IRENE: Se non hanno già cenato! Possiamo anche ordinare delle pizze a casa, fare solo un primo e invitare Marco e Alessandra qui!

B. Che cosa preferisci? Sentirai un dialogo seguito da cinque domande. Sentirai il dialogo due volte. La prima volta, ascolta attentamente. La seconda volta, la parte di Irene verrà letta con le pause per la ripetizione. Poi seleziona la risposta giusta.

Parole utili

scegliere	*to choose*
la fragola	*strawberry*
il cono	*cone*
la coppetta	*dish*
il gusto	*flavor*

IRENE: Allora, cosa prendiamo?

FABIO: Per me, una pizza Margherita.

IRENE: Sono indecisa, una «Quattro Stagioni» o una «Napoli»?

FABIO: Non vuoi il primo?

IRENE: No, una pizza basta. No, aspetta, forse anche un piatto di lasagne... Allora prendo una «Napoli»... E poi voglio uscire a prendere un gelato!

FABIO: Mmmm, forse sei indecisa anche per quello... di quale hai voglia? Tanto lo so che non sai mai quale scegliere!

IRENE: Ma che dici! Lo voglio al cioccolato e alla fragola. No aspetta, al limone e fragola... E tu, che gusto vuoi?

FABIO: Per me cioccolato e pistacchio. Nel cono. E tu?

IRENE: Io lo preferisco nella coppetta.

FABIO: Finalmente una decisione sicura!

IRENE: Ma anche il cono non è male...

1. a. una Margherita   b. una Napoli
2. a. una Quattro Stagioni   b. una Napoli
3. a. al cioccolato e pistacchio   b. al pistacchio e fragola
4. a. al cioccolato e fragola   b. al limone e fragola
5. a. Fabio   b. Irene

C. C'è chi è a dieta e chi a dieta non è... Sentirai un dialogo due volte. La prima volta, ascolta attentamente. La seconda volta, completa il dialogo con le parole adeguate. Controlla le tue risposte con le soluzioni date in fondo al libro.

bistecca

il dolce

gli gnocchi

un'insalata

al pomodoro

un minestrone

patate fritte

tiramisù

MARISA: Che menu impressionante! Che cosa hai voglia di mangiare?

LUCIA: Per cominciare, _____[1], e tu?

MARISA: Le lasagne al forno o _____[2] al pesto. Ma no, prendo una cosa semplice, gli spaghetti _____[3].

LUCIA: E poi?

MARISA: Una bella _____[4] alla griglia, con _____[5].

LUCIA: Io invece prendo il pesce e _____[6].

MARISA: Anche _____[7]?

LUCIA: No, non posso, sono a dieta.

MARISA: Davvero? Allora io prendo due porzioni di _____[8]... non sono a dieta, e posso mangiare anche la tua parte!

GRAMMATICA

A. Pronomi di oggetto indiretto

A. Per cominciare. Sentirai un dialogo dal tuo testo. Sentirai il dialogo due volte. La prima volta, ascolta attentamente. La seconda volta, la parte di Elisabetta verrà letta con le pause per la ripetizione.

ALBERTO: Siamo quasi a Natale: cosa regaliamo quest'anno alla nonna?

ELISABETTA: Semplice: le regaliamo il dolce tradizionale, il panettone.

ALBERTO: Benissimo! E allo zio Augusto?

ELISABETTA: Perché non gli compriamo un libro di cucina? Cucinare è il suo hobby preferito.

ALBERTO: Buona idea! E tu, cosa vuoi?

ELISABETTA: Puoi comprarmi una macchina per fare la pasta: così ci facciamo delle belle tagliatelle!

B. Quando? Di' che farai le seguenti azioni domani. Sostituisci (*Substitute*) con un pronome di oggetto indiretto il nome che nella frase ha uguale (*same*) funzione. Ripeti la risposta.

> ESEMPIO: *Leggi:* telefonare **alla zia**
> *Senti:* Quando telefoni alla zia?
> *Dici:* Le telefono domani.

1. insegnare italiano **agli studenti**
2. dire «ti amo» **al tuo fidanzato**
3. offrire i cioccolatini **ai bambini**
4. preparare il regalo **per tua cugina**
5. regalare un libro **al tuo papà**
6. rispondere **a tua madre**

B. Accordo del participio passato nel passato prossimo

A. Per cominciare. Sentirai un dialogo dal tuo testo due volte. La prima volta, ascolta attentamente. La seconda volta, la parte di Gino verrà letta con le pause per la ripetizione.

SARA: Hai apparecchiato la tavola?
GINO: Sì, l'ho apparecchiata.
SARA: Hai incartato i regali per Massimo?
GINO: Sì li ho incartati.
SARA: Hai preparato gli antipasti?
GINO: Sì li ho preparati.
SARA: Hai comprato tutto? Hai ricordato il primo e il secondo e la frutta?
GINO: Sì, ho comprato tutto. Ho ricordato tutto. Tutto è pronto. È già pronto da due giorni. Tutti gli amici sanno che devono arrivare alle sette in punto. Rilassati! Tutto andrà benissimo e per Massimo sarà una bella sorpresa.
SARA: Un'ultima domanda. Hai invitato Massimo?
GINO: Oh, no!

B. Di chi o di che cosa parliamo? Ascolta la frase. Seleziona la risposta che si accorda con la vocale finale del participio passato. Poi componi la frase sostituendo al pronome l'oggetto di cui si parla. (*Then restate the sentence substituting the given object for the pronoun.*) Ripeti la risposta.

> ESEMPIO: *Senti:* L'ho mangiata.
>
> *Leggi:* a. la mela   b. il gelato   c. le pizze
>
> *Segni:* (a. la mela)
>
> *Senti:* a
>
> *Dici:* Ho mangiato la mela.

1. a. Anna e Nora
2. a. Paolo
3. a. l'insalata e le patate
4. a. la doccia
5. a. Piera
6. a. i film
7. a. i giornali
8. a. le moto

b. i film del terrore
b. il Vaticano e il Papa
b. il primo e il secondo
b. l'esame
b. un messaggio
b. le bici
b. le riviste
b. le auto

c. il Colosseo
c. le foto
c. la pasta
c. il jogging
c. una lettera
c. le pizze e i gelati
c. la poesia
c. il libro

C. Piacere

A. Per cominciare. Sentirai un brano dal tuo testo due volte. La prima volta, ascolta bene. La seconda volta, completa il brano con le parole che mancano. Controlla le tue risposte con le soluzioni date in fondo al libro.

Gianni è avvocato. Lavora tutto il giorno e mangia spesso nei buoni ristoranti con i clienti. _____ _____[1] il vino italiano. Come antipasto gli piacciono i crostini, ma non _____ _____[2] i salumi. Dopo cena, _____ _____[3] fumare una sigaretta. Nel week-end, quando non deve lavorare, _____ _____[4] stare a casa, leggere dei libri e ascoltare musica.

Gianna è artista e musicista. Ha gusti semplici. La mattina _____ _____[5] bere un caffellatte e mangiare una brioche. _____ _____[6] molto i panini al prosciutto. Quando va in un ristorante, _____ _____[7] ordinare solamente un primo e un bicchiere di vino. La sera _____ _____[8] dipingere e suonare il piano, ma nel week-end è molto attiva. Le piace giocare a tennis, scalare montagne e pattinare.

B. Gli piace? Guarda i disegni e di' se alla gente piacciono o non piacciono i cibi. Ripeti la risposta.

ESEMPIO: *Vedi:*

Senti: A Giulio piacciono le patatine?
Dici: Sì, gli piacciono.

1.

2.

3.

4.

5.

D. Interrogativi

A. Per cominciare. Sentirai un dialogo dal tuo testo seguito da tre domande. Sentirai il dialogo due volte. La prima volta, ascolta attentamente. La seconda volta, la parte di Lidia verrà letta con le pause per la ripetizione. Poi seleziona la risposta giusta.

LIDIA: Chi è?
LORENZO: Sono Lorenzo.
LIDIA: Che vuoi?
LORENZO: Ti voglio parlare.
LIDIA: Perché?
LORENZO: Perché voglio parlare dell'altra sera.
LIDIA: Non voglio parlare con te ora.
LORENZO: Quando possiamo vederci?
LIDIA: Torna fra mezz'ora.

1. a. Lorenzo   b. Lidia
2. a. Vuole parlare con Lidia.   b. Vuole uscire con Lidia.
3. a. fra un'ora   b. fra mezz'ora

B. Roberto l'affascinante (*the charming*). Hai tante domande da fare riguardo al (*about the*) nuovo studente, Roberto. Fa' le domande adeguate alle risposte che senti. Ripeti la risposta.

ESEMPIO: *Senti:* Roberto è simpatico.
          Dici: Com'è Roberto?

1. ... 2. ... 3. ... 4. ... 5. ... 6. ...

C. Jeopardy culinaria. Componi (*Ask*) la domanda giusta per ogni risposta. Usa l'interrogativo dato tra parentesi. Ripeti la risposta.

ESEMPIO: *Senti e leggi:* È un formaggio dolce che è usato con la pizza. (Cos'è... ?)
          Dici: Cos'è la mozzarella?

1. È una bevanda alcolica, che gli italiani bevono molto. (Cos'è... ?)
2. Il significato (*meaning*) di questa parola è «pick me up» o «lift me up». (Qual è... ?)
3. È della città di Parma. (Di dov'è... ?)
4. Li ha portati in Italia Cristoforo Colombo. (Chi... ?)
5. Pasta, uova, pepe, parmigiano, pancetta: questi sono gli ingredienti. (Quali sono... ?)
6. Le portate sono di solito tre: primo, secondo, dolce. (Quante... ?)
7. Si mangia prima del primo. (Quando... ?)

PRONUNCIA: THE SOUNDS OF THE LETTER z

The letter **z** represents two sounds: [ć] as in the English word *bats* and [ź] as in the English word *pads*.

A. Z sonora. At the beginning of a word, **z** is usually pronounced as [ź], although this varies from region to region. Listen and repeat.

1. zampa
2. zero
3. zitto
4. zona
5. zucchero

B. Z sonora e z sorda. In the middle of words, **z** can have either the [ź] or the [ć] sound. The [ć] sound occurs frequently following **l** and **n**. Listen and repeat.

1. azalea   3. zanzara   5. differenza
2. pranzo   4. alzare   6. Lazio

C. Parliamo italiano! Listen and repeat.

1. Sai che differenza c'è tra colazione e pranzo?
2. Alla stazione di Venezia vendono pizze senza mozzarella.
3. Conosci molte ragazze con gli occhi azzurri?
4. A mezzogiorno ho lezione di zoologia.
5. C'è un negozio di calzature in Piazza Indipendenza.

DIALOGO

Prima parte. Danilo, lo chef di famiglia, prepara una cena per il compleanno di Valentina, sua sorella. Ascolta attentamente il dialogo.

Parole utili: farcito, ripieno (*stuffed*), gratinato (*au gratin*), la melanzana (*eggplant*), il basilico (*basil*), Bardolino, Grignolino (vini rossi italiani), Moscato d'Asti (vino dolce per il dessert)

DANILO: Dunque, le zucchine farcite e i peperoni ripieni sono pronti, e questo è per l'antipasto.

VALENTINA: Uhm... che profumo!

DANILO: La pasta per i tortellini al prosciutto è quasi fatta e l'arrosto è nel forno... ancora trenta minuti di cottura. Per contorno ci sono tre piatti: asparagi gratinati, melanzane con erbe aromatiche e patate alla crema di basilico.

VALENTINA: E per dolce cosa hai preparato? Sai quanto mi piacciono le crostate!

DANILO: Lo so, lo so! Due crostate di frutta fresca... sono nel frigo, ma non guardare!

VALENTINA: Che bello avere uno chef in famiglia! Non vedo l'ora di mangiare! Sono già le sei! Tra poco arrivano tutti! Devo fare in fretta ad apparecchiare la tavola in terrazza... è proprio la serata ideale per cenare all'aperto.

DANILO: Manca qualcosa... Ecco, ho dimenticato di prendere il vino in cantina. Per favore, Valentina, vai giù e prendi una bottiglia di Bardolino, una di Grignolino e una di Moscato d'Asti per il brindisi.

VALENTINA: Ma che differenza fa? Per me sono tutti uguali... Prendo quello che trovo.

DANILO: Assolutamente no! Non conosci le regole della buona cucina? I vini devono accompagnare i piatti, non rovinarli! Stasera bisogna bere del vino rosso adatto alle specialità che ho preparato e non un vino rosso qualsiasi!

VALENTINA: OK! Lo chef sei tu, ma uno di questi giorni devi darmi una lezione sui vini!

Seconda parte. Riavvolgi (*rewind*) il nastro e ascolta di nuovo il dialogo. Fa' particolare attenzione ai piatti preparati da Danilo e ai vini selezionati.

Terza parte. Sentirai sei frasi basate sul dialogo. Sentirai ogni frase due volte. Segna vero o falso.

1. vero   falso

2. vero   falso

3. vero   falso

4. vero   falso

5. vero   falso

6. vero   falso

ED ORA ASCOLTIAMO!

Che cena! Sentirai un discorso tra Laura e Danilo. Puoi ascoltare il dialogo quante volte vuoi. Poi sentirai cinque frasi due volte. Segna vero o falso.

1. vero   falso   4. vero   falso

2. vero   falso   5. vero   falso

3. vero   falso

DETTATO

Sentirai un breve dettato tre volte. La prima volta ascolta attentamente. La seconda volta, il dettato verrà letto con pause tra le frasi. Scrivi quello che senti. La terza volta, correggi quello che hai scritto. Scrivi sulle righe date. Controlla il tuo dettato con le soluzioni date in fondo al libro.

Danilo ha cucinato _____

_____

_____

_____

_____

_____

_____

_____

_____

_____

SARA IN ITALIA

In viaggio alle montagne Dolomiti che separano l'Italia dall'Austria, Sara fa tappa a (*stops in*) Bolzano. Questa città, nella regione di Trentino-Alto Adige è a metà strada tra (*halfway between*) Verona e la città austriaca di Innsbruck.

Sara cerca di (*tries*) chiacchierare con due giovani che parlano il tedesco. Sentirai il loro dialogo che puoi ascoltare quante volte vuoi. Poi sentirai tre domande due volte. Seleziona la risposta giusta.

1. a. Bozen   b. Süd-Tyrol   c. Bern
2. a. una, l'italiano   b. una, il tedesco   c. due, l'italiano e il tedesco
3. a. facile   b. difficile   c. interessante

FARE BELLA FIGURA

VOCABOLARIO PRELIMINARE

A. Per cominciare. Sentirai un dialogo dal tuo testo. Sentirai il dialogo due volte. La prima volta, ascolta attentamente. La seconda volta, il dialogo verrà ripetuto con le pause per la ripetizione.

NICOLA: Finalmente domenica! La vita di tutti i giorni è così stressante! Uscire di casa, andare al lavoro, andare qua e là, essere attivi, mai un minuto per stare a casa e rilassarsi...

SIMONE: Ma la domenica che fai a casa? Dormi?

NICOLA: Dalle otto alle dieci curo il giardino, poi lavo la macchina, a mezzogiorno cucino e poi pranzo, per due ore pulisco la casa, poi guardo lo sport in televisione, poi ascolto la musica mentre faccio l'aerobica, poi...

SIMONE: Questa non è una giornata di lavoro, secondo te?!

B. Giulia e la bella figura. Giulia vuole fare una bella figura quando esce stasera. Sentirai un brano due volte. La prima volta, ascolta attentamente. La seconda volta, completa il brano con le parole che mancano. Controlla le tue risposte con le soluzioni date in fondo al libro.

Giulia stasera esce e vuole farsi bella (*get prettied up*). Dopo una giornata di lavoro e studio, ha

bisogno di _____[1], allora decide di _____[2] un

bagno e di _____ _____ _____[3]. Ma prima di

fare il bagno, fa _____ _____[4] e poi stira dei vestiti. Dopo il bagno, _____[5]

asciuga, si _____[6], si guarda allo specchio e _____

_____[7] un po' gli occhi. _____ _____[8] il rossetto

e infine le lenti a contatto. È quasi pronta. _____ _____[9] con uno dei suoi

vestiti da sera. _____ _____[10] un po' di profumo e alla fine è pronta

veramente per uscire.

C. L'abbigliamento. Identifica ogni capo (*each piece of clothing*) nel disegno (*drawing*). Comincia la frase con **È...** o **Sono...** . Ripeti la risposta.

ESEMPIO: *Senti:* 1
          Dici: È una maglia.

2. ... 3. ... 4. ... 5. ... 6. ... 7. ... 8. ...

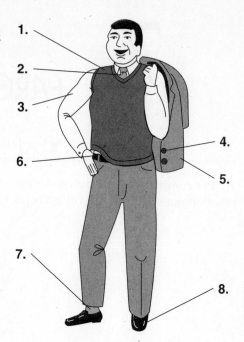

GRAMMATICA

A. Verbi riflessivi

A. Per cominciare. Sentirai un dialogo dal tuo testo. Sentirai il dialogo due volte. La prima volta, ascolta attentamente. La seconda volta, il dialogo verrà ripetuto con le pause per la ripetizione.

SIGNORA ROSSI: Nino è un ragazzo pigro: ogni mattina si sveglia tardi e non ha tempo di lavarsi e fare colazione. Si alza presto solo la domenica per andare in palestra a giocare a pallone.
SIGNORA VERDI: Ho capito: a scuola si annoia e in palestra si diverte.

B. Abitudini. Di' che le seguenti persone hanno le stesse abitudini (*same habits*) tue. Ripeti la risposta.

ESEMPIO: *Leggi:* Mi lavo i denti spesso.
          Senti: Cinzia
          Dici: Anche lei si lava i denti spesso.

1. Mi alzo subito la mattina.
2. Mi sveglio presto.
3. Mi lavo con l'acqua fredda.
4. Mi vesto di fretta.

C. Che giornata! Sentirai un dialogo tra Franca e Gino in cui (*in which*) discutono della loro giornata stressante. Sentirai il dialogo due volte. La prima volta, ascolta attentamente. La seconda volta, prendi appunti (*take notes*) su Franca e Gino. Poi sentirai quattro domande e dovrai scegliere la risposta giusta. Leggi le risposte date prima di ascoltare il dialogo.

FRANCA _____

_____

GINO _____

_____

1. a. Si è solo lavata e vestita.
   b. Si è preparata con cura e poi ha preso l'autobus.
2. a. Gino è rilassato e riposato.
   b. Ha bisogno di caffè per stare bene.
3. a. Ha avuto una discussione con il direttore.
   b. Si è sentito molto, molto stanco.
4. a. Va al parco a rilassarsi.
   b. Sta a casa e dorme molto.

D. E tu, cosa hai fatto stamattina? Racconta come ti sei preparato/preparata stamattina, secondo i suggerimenti (*according to the cues*).

1. Mi sono alzato/alzata alle...
2. Mi sono lavato/lavata con l'acqua... (calda/fredda)
3. Mi sono messo/messa... (i jeans / una camicia / i calzini...)
4. (Non) Mi sono fatto la barba... / (Non) Mi sono truccata...
5. (Non) Mi sono fermato/fermata al bar a fare colazione.

B. Costruzione reciproca

A. Per cominciare. Sentirai un monologo dal tuo testo due volte. La prima volta, ascolta attentamente. La seconda volta, completa il monologo con le parole che mancano. Controlla le tue risposte con le soluzioni date in fondo al libro.

Giulio e Anna ____ _____ [1] da tanti anni—sono amici di infanzia. ____

_____ [2] tutti i giorni a scuola e tutte le sere ____

_____ [3] al telefono. Discutono sempre i loro problemi l'uno con l'altra

perché ____ _____ [4] benissimo.

B. Davide e Serena. Davide e Serena sono proprio una bella coppia. Guarda i disegni e di' cosa fanno, secondo i suggerimenti (*according to the cues*). Ripeti la risposta.

ESEMPIO: *Vedi:*

Senti: guardarsi
Dici: Davide e Serena si guardano.

1.

2.

3.

4.

5.

C. Presente + **da** + espressioni di tempo

A. Per cominciare. Sentirai un brano dal tuo testo. Sentirai il brano due volte. La prima volta, ascolta attentamente. La seconda volta il brano verrà ripetuto con le pause per la ripetizione.

RICCARDO: Ho un appuntamento con Paolo a mezzogiorno in piazza. Vogliamo andare a mangiare insieme. Io arrivo puntuale ma lui non c'è. Aspetto e aspetto, ma lui non viene. Finalmente, dopo un'ora, Paolo arriva e domanda: «Aspetti da molto tempo?» E io rispondo: «No, aspetto solo da un'ora!»

B. Attività. Di' da quanto tempo tu ed i tuoi amici partecipate alle seguenti attività. Usa le espressioni di tempo suggerite. Ripetete la risposta.

ESEMPIO: *Senti:* Da quanto tempo disegni?
Leggi: molto tempo
Dici: Disegno da molto tempo.

1. un mese
2. tre settimane
3. cinque anni
4. un anno
5. tre anni

C. Caro professore, cara professoressa. Chiedi al tuo insegnante d'italiano da quanto tempo fa le seguenti cose. Ripeti la risposta.

> ESEMPIO: *Senti:*   insegnare italiano
> *Dici:*   Da quanto tempo insegna italiano?

1. ...   2. ...   3. ...   4. ...   5. ...

D. Avverbi

A. Per cominciare. Sentirai un brano dal tuo testo seguito da tre domande. Sentirai il brano due volte. La prima volta, ascolta attentamente. La seconda volta, il brano verrà ripetuto con le pause per la ripetizione. Scegli poi le risposte giuste alle domande che senti.

Sandro gioca molto bene a tennis. È un buon giocatore che ha molte racchette e tante scarpe da tennis.

Felice gioca male a golf. È un cattivo giocatore che non ha le proprie mazze e scarpe da golf.

1. a. Felice   b. Sandro
2. a. bene   b. male
3. a. Felice   b. Sandro

B. Veramente. Cambia i seguenti aggettivi in avverbi. Ripeti la risposta.

> ESEMPIO: *Senti:*   vero
> *Dici:*   veramente

1. ...   2. ...   3. ...   4. ...   5. ...   6. ...

C. Gli italiani. Tutti i tuoi amici vogliono sapere come sono gli italiani. Rispondi alle loro domande, secondo i suggerimenti. Ripeti la risposta.

> ESEMPIO: *Senti:*   Come parlano gli italiani?
> *Leggi:*   veloce
> *Dici:*   Parlano velocemente.

1. elegante   2. rapido   3. abbondante   4. facile   5. gentile

E. Numeri superiori a cento

A. Per cominciare. Sentirai un dialogo dal tuo testo due volte. La prima volta, ascolta attentamente. La seconda volta il dialogo verrà ripetuto con le pause per la ripetizione.

MONICA: Mi sono diplomata nel 1985, mi sono laureata nel 1989, mi sono sposata nel 1990, ho avuto un figlio nel 1991 e una figlia nel 1992, ho accettato un posto all'università nel 1993...

SILVIA: Quando pensi di fermarti?!

B. Quanto fa? Fa' le addizioni dei seguenti numeri. Sentirai ogni addizione due volte. Ascolta attentamente, poi scrivi la somma dei due numeri che senti. Controlla le tue risposte con le soluzioni date in fondo al libro.

ESEMPIO: *Senti:*   cento più (+) cento fa...
Scrivi i numeri e fai l'addizione: 100 + 100 = 200
Scrivi: *Duecento*

1. _____
2. _____
3. _____
4. _____
5. _____
6. _____

PRONUNCIA: THE SOUND OF THE LETTER *l*

In Italian, the letter **l** has a sound similar to that in the English word *love.* It is a clear sound, articulated at the front of the mouth, never at the back of the mouth, as in the English words *alter* and *will.*

A. *L.* Practice the **l** sound. Listen and repeat.

1. lavarsi
2. leggere
3. lira
4. loro
5. lunedì
6. salutare

B. *L doppia.* Compare and contrast the single and double sound of **l**. Note the slight change in vowel sound when the consonant following is doubled. Listen and repeat.

1. belo / bello
2. fola / folla
3. pala / palla
4. cela / cella

C. *L e gl.* As you learned in **Capitolo 3,** the sound of **gl** is different from the sound of **l**. Compare and contrast the sounds in the following pairs of words. Listen and repeat.

1. belli / begli
2. olio / aglio
3. male / maglia
4. filo / figlio

D. Parliamo italiano! Listen and repeat.

1. Come balla bene la moglie di Guglielmo! Glielo voglio dire.
2. Mi hai dato un biglietto da mille o da duemila?
3. Fa caldo a Milano in luglio?
4. Ecco il portafoglio di mio figlio.
5. Quella ragazza è alta e snella.
6. Vogliono il tè col latte o col limone?

DIALOGO

Prima parte. Che mi metto stasera? Gerry Milligan, uno studente d'italiano a Genova, si lamenta sempre dei suoi vestiti. Adesso sentirai un dialogo in cui si prepara per uscire con gli amici Luca e Natasha. Ascolta attentamente il dialogo.

Espressioni utili

preoccuparsi	*to worry about*
lasciare in pace	*to leave alone*
gli attacchi d'ansia	*anxiety attacks*
dire qualcosa su	*to comment on*
qualsiasi	*any*

GERRY: Oh, Natasha, non posso uscire stasera! Non ho niente, proprio niente da mettermi!

NATASHA: Non hai comprato un vestito nuovo ieri?

LUCA: Gerry, hai paura di fare brutta figura? Guarda, andiamo solo al ristorante, stai benissimo, non ti preoccupare.

NATASHA: Luca, lascia in pace Gerry. Io capisco benissimo questi attacchi d'ansia. La mia prima volta in Italia tutti mi hanno sempre detto qualcosa sui vestiti che mi sono messa...

GERRY: Vedi? Non è solo vanità, è una ragione «culturale»... E se non sono all'altezza? E se non sono vestito bene? Tutti gli italiani che vedo hanno sempre vestiti che vanno bene insieme... Sì, va bene, ho comprato un vestito nuovo ieri, ma non ho le scarpe e la cintura per il vestito...

LUCA: Mamma mia, ma prova a metterti un paio di scarpe qualsiasi e andiamo, ho fame! E guarda la mia cintura e le mie scarpe, sono di colori diversi e a me non m'interessa!

NATASHA: Ma interessa a me! Infatti, preferisco venire con Gerry, quando si è vestito. Con te c'è da fare una brutta figura. Ma ti sei guardato allo specchio? Non ti sei fatto la barba, non ti sei pettinato...

LUCA: Ma è domenica... Io la domenica non voglio preoccuparmi della moda!

Seconda parte. Riavvolgi il nastro e ascolta di nuovo il dialogo. Fa' particolare attenzione all'abbigliamento che descrivono i ragazzi.

Terza parte. Sentirai, per due volte, quattro frasi basate sul dialogo. Segna, per ogni frase, vero o falso.

1. vero falso

2. vero falso

3. vero falso

4. vero falso

ED ORA ASCOLTIAMO!

Storiella d'amore. Sentirai un dialogo tra Romeo e Giulietta. Puoi ascoltare il dialogo quante volte vuoi. Poi sentirai cinque frasi da completare. Scegli il completamento giusto per ciascuna frase.

1. a. al bar.
   b. ad una festa.
2. a. quando si sono guardati.
   b. quando si sono salutati.
3. a. per caso (*by chance*) a Verona.
   b. per caso ad una festa.
4. a. a Verona.
   b. al Caffè Sportivo.
5. a. «Ti amo».
   b. «Sì, certo».

DETTATO

Sentirai un breve dettato tre volte. La prima volta ascolta attentamente. La seconda volta, il dettato verrà letto con pause tra le frasi. Scrivi quello che senti. La terza volta, correggi quello che hai scritto. Scrivi sulle righe date. Controlla il tuo dettato con le soluzioni date in fondo al libro.

Marilena, Franca, Elena e Silvia _____

_____

_____

_____

_____

_____

_____

_____

_____

_____

SARA IN ITALIA

Incantata dalla bellezza delle Alpi, Sara parte per la Valle d'Aosta, una piccola regione nel nord-ovest dell'Italia. Sara è a Courmayeur, un luogo di villeggiatura ai piedi del Monte Bianco. Parla con una ragazza del posto. Sentirai il loro dialogo. Puoi ascoltare il dialogo quante volte vuoi. Poi sentirai, due volte, tre frasi da completare, e dovrai scegliere, per ciascuna frase, il completamento giusto.

1. a. si sveglia presto   b. si addormenta presto   c. si diverte in discoteca
2. a. i formaggi   b. la musica folcloristica   c. la bellezza (*beauty*) naturale
3. a. francese e latino   b. la più piccola regione d'Italia   c. un tunnel

8 C'ERA UNA VOLTA

VOCABOLARIO PRELIMINARE

A. Per cominciare. Sentirai un dialogo dal tuo testo seguito da quattro domande. Sentirai il dialogo due volte. La prima volta, ascolta attentamente. La seconda volta, il dialogo verrà ripetuto con le pause per la ripetizione. Scegli poi le risposte giuste alle domande che senti.

ROSSANA: Che dice il giornale sui programmi di stasera? Che danno alla televisione?

FABRIZIO: C'è una partita di calcio su Rai Uno, se vuoi vedere lo sport. Gioca l'Italia...

ROSSANA: Telefilm interessanti?

FABRIZIO: Non credo, ma ci sono due bei film su Rai Tre e Canale Cinque più tardi, dopo il telegiornale.

ROSSANA: E adesso che c'è?

FABRIZIO: È l'ora del telegiornale. Possiamo vedere una videocassetta.

ROSSANA: Ma no, andiamo al cinema invece. Ho letto una recensione molto positiva dell'ultimo film di Spielberg...

1. a. C'è una partita di calcio.   b. C'è una partita di basketball.
2. a. Ci sono due film interessanti.   b. C'è una partita di calcio.
3. a. Vuole vedere la partita.   b. Vuole vedere una videocassetta.
4. a. Vuole vedere un film in televisione.   b. Vuole vedere un film al cinema.

B. La stampa. Sentirai sei definizioni di parole che hanno a che fare con (*that have to do with*) la stampa. Sentirai le definizioni due volte. Scegli la parola corrispondente a ciascuna definizione e scrivi la parola sulla riga data. Controlla le tue risposte con le soluzioni date in fondo al libro.

la cronaca   il quotidiano

il mensile

la recensione

la pubblicità

il settimanale

1. _____   4. _____

2. _____   5. _____

3. _____   6. _____

GRAMMATICA

A. Imperfetto

A. Per cominciare. Sentirai un dialogo dal tuo testo due volte. La prima volta, ascolta attentamente. La seconda volta, il dialogo verrà ripetuto con le pause per la ripetizione.

LUIGINO: Papà, mi racconti una favola?

PAPÀ: Volentieri! C'era una volta una bambina che si chiamava Cappuccetto Rosso perché portava sempre una mantella rossa col cappuccio. Viveva vicino a un bosco con la mamma...

LUIGINO: Papà, perché mi racconti sempre la stessa storia?

PAPÀ: Perché conosco solo una storia!

B. Come eravamo... Guardi le vecchie foto di famiglia. Di' come erano i membri della famiglia, secondo i suggerimenti. Ripeti la risposta.

> ESEMPIO: *Senti:* la nonna
> *Leggi:* essere una bella ragazza
> *Dici:* La nonna era una bella ragazza.

1. avere la barba nera
2. portare la gonna corta
3. essere grasso
4. indossare vestiti buffi
5. andare in bicicletta
6. essere un atleta
7. portare gli occhiali
8. avere tanti capelli

C. Davide e Serena. Davide e Serena erano una bella coppia ma... non più. Componi (*Restate*) le frasi di Davide all'imperfetto. Ripeti la risposta.

> ESEMPIO: *Senti:* Io le porto sempre i fiori.
> *Dici:* Io le portavo sempre i fiori.

1. ...   2. ...   3. ...   4. ...   5. ...

D. Sempre, spesso o mai? Quanto spesso facevi le seguenti azioni da bambino o bambina? Sentirai, per due volte, otto domande. Prendi appunti sulle domande e segna nello schema quanto spesso facevi le seguenti azioni da bambino o bambina. Poi scrivi tre frasi su cosa facevi, sempre, spesso o mai, sulle righe date.

	SEMPRE	SPESSO	MAI
1. _____	☐	☐	☐
2. _____	☐	☐	☐
3. _____	☐	☐	☐
4. _____	☐	☐	☐
5. _____	☐	☐	☐
6. _____	☐	☐	☐
7. _____	☐	☐	☐
8. _____	☐	☐	☐

Sempre: _____

Spesso: _____

Mai: _____

B. L'imperfetto, il passato prossimo e il trapassato

A. Per cominciare. Sentirai un brano dal tuo testo. Sentirai il brano due volte. La prima volta, ascolta attentamente. La seconda volta, completa il brano con le parole che mancano. Controlla le tue risposte con le soluzioni date in fondo al libro.

Luigi aveva capito che l'appuntamento con Susanna _____[1]

alle 8.00, ma Susanna _____ _____[2] che era alle

7.00. Alle 7.30 Susanna _____[3] stanca di aspettare Luigi ed

era molto arrabbiata. Così _____ _____[4] al

cinema con la sua compagna di stanza. Luigi _____

_____[5] alle 8.00 in punto, ma quando è arrivato Susanna

_____ già _____[6]. Povero Luigino!

B. Anche noi! Giancarlo ti racconta cosa ha fatto ieri. Di' che sono tutte cose che facevi insieme ai fratelli da piccoli. Ripeti la risposta.

> ESEMPIO: *Senti:* Ieri ho mangiato molta pizza.
> *Leggi:* anche mia sorella
> *Dici:* Anche mia sorella da piccola mangiava molta pizza.

1. anche mio fratello   4. anche noi
2. anche le mie sorelle   5. anch'io
3. anche i miei fratelli

C. Ma perché? Mariella vuole sapere perché sono successe certe cose. Rispondi alle sue domande, secondo i suggerimenti. Ripeti la risposta.

> ESEMPIO: *Senti:* Perché eri di umore nero (*in a bad mood*)?
> *Leggi:* lavorare troppo
> *Dici:* Ero di umore nero perché avevo lavorato troppo.

1. studiare tutta la notte   4. mangiare solo un panino
2. perdere l'autobus   5. dormire poco
3. aspettare due ore   6. dimenticare l'orologio

D. La fiaba confusa (*Mixed-up fairy tale*). Sentirai raccontare una fiaba piuttosto (*rather*) particolare. Sentirai le due parti della fiaba due volte. La prima volta, ascolta attentamente. La seconda volta, completa la prima metà con il verbo all'imperfetto e la seconda metà con il verbo al trapassato. Controlla le tue risposte con le soluzioni date in fondo al libro. Poi inventa un finale alla fiaba. Ferma il nastro e scrivi il finale sulle righe date.

Vocabolario utile

Cappuccetto Rosso	*Little Red Riding Hood*
Cenerentola	*Cinderella*
Biancaneve	*Snow White*
la Bella Addormentata	*Sleeping Beauty*

La prima metà.

C'_____[1] una volta una bella bambina che _____[2] sola nel bosco. _____

_____[3] Cappuccetto Rosso, perché _____[4] un vestito con un cappuccio che

_____[5] rosso come un pomodoro. Cappuccetto un giorno _____[6] andare a fare visita alla nonna, così esce di casa, e mentre _____[7] nel bosco incontra Cenerentola.

La seconda metà.

Insieme vanno dalla nonna, e quando arrivano, vedono uscire la Bella Addormentata, che

_____ _____ appena _____[8] dal suo sonno e che cercava il suo Principe. La Bella Addormentata _____ _____[9] invece la casa della nonna. La nonna le _____ _____[10] che il Principe _____ _____[11] a cercare Biancaneve, perché Biancaneve _____ _____[12] una scarpa nella foresta e il principe _____ _____[13] a incontrarla. Lui aveva con sé la scarpa che la nonna _____ _____[14].

Ora ferma il nastro e scrivi un finale possibile.

_____

_____

_____

_____

_____

C. Suffissi

A. Per cominciare. Sentirai un monologo dal tuo testo due volte. La prima volta, ascolta attentamente. La seconda volta, il monologo verrà ripetuto con le pause per la ripetizione.

Ha visto passare il mio fratellino? È un bambino con un nasino tanto carino, due manine graziose e due piedini piccolini piccolini.

B. Una letterona! Guarda i disegni e scegli quello indicato nella frase che senti.

ESEMPIO: *Vedi:* a.

Senti: Ho ricevuto una letterona!

Scegli: a.   (b.)

1. a.    b.    2. a.    b.

3. a.   b.   4. a.    b.

5. a.    b.

PRONUNCIA: THE SOUNDS OF THE LETTERS *m* AND *n*

A. *M* e *m* doppia. The letter **m** is pronounced as in the English word *mime*. Listen and repeat.

1. marito
2. mese
3. minuti
4. moto
5. musica

Now contrast the single and double sound of **m.** Listen and repeat.

1. m'ama / mamma
2. some / somme
3. fumo / fummo

B. *N* e *n* doppia. The letter **n** is pronounced as in the English word *nine*. Listen and repeat.

1. naso
2. neve
3. nipoti
4. noioso
5. numeroso

Now contrast the single and double sound of **n.** Listen and repeat.

1. la luna / l'alunna
2. noni / nonni
3. sano / sanno

C. *Gn.* As you learned in **Capitolo 3**, the combination **gn** has its own distinct sound. Compare and contrast the [n] and the [ny] sounds in the following pairs of words. Listen and repeat.

1. campana / campagna
2. anello / agnello
3. sono / sogno

D. Parliamo italiano! Listen and repeat.

1. Guglielmo Agnelli è un ingegnere di Foligno.
2. Il bambino è nato in giugno.
3. Dammi un anello, non un agnello!
4. Buon Natale, nonna Virginia.
5. Anna è la moglie di mio figlio Antonio.

DIALOGO

Prima parte. Una retrospettiva. Sentirai un dialogo in cui Paola e Davide parlano di una retrospettiva dei film di Fellini che hanno visto di recente a Roma. Ascolta attentamente il dialogo.

DAVIDE: È stato bello rivedere tutti i film di Fellini nello spazio di pochi giorni...

PAOLA: Qual è il tuo film preferito?

DAVIDE: Forse i film sulla Roma antica e moderna, come *Satyricon* e *Roma*. Ma anni fa mi piaceva molto *Amarcord*, un film molto autobiografico, con un protagonista che era come il regista quando era bambino, l'ho visto molte volte...

PAOLA: A me invece piacciono i film con la moglie, Giulietta Masina, come *Le notti di Cabiria*, quello sulla vita di una prostituta romana...

DAVIDE: E che dici di *La strada*, con la Masina nella parte di Gelsomina? Quel film è stato il primo successo internazionale di Fellini.

PAOLA: È proprio un bel film. Come *8 1/2*, sul suo amore ossessivo per le donne...

DAVIDE: Però Fellini diceva che quello era il meno autobiografico... c'è una bella differenza tra l'artista e l'opera d'arte!

PAOLA: Mah, non so. Comunque abbiamo visto una retrospettiva completa e interessante.

Seconda parte. Riavvolgi il nastro e ascolta di nuovo il dialogo. Fa' particolare attenzione alle opinioni che esprimono Paola e Davide riguardo ai film di cui parlano.

Terza parte. Leggi le quattro frasi e segna vero o falso. Poi correggi le frasi sbagliate, secondo il dialogo. Ascolta il nastro per sentire le risposte corrette, poi controlla le tue risposte scritte con le soluzioni date in fondo al libro.

1. *Satyricon* e *Roma* sono tra i film preferiti di Davide.   vero   falso

   _____

2. Giulietta Masina ha recitato solo in *Le notti di Cabiria*.   vero   falso

   _____

3. Fellini si è affermato (*became popular*) all'estero con *8 1/2*.   vero   falso

   _____

4. Secondo Fellini, *8 1/2* era un film del tutto (*completely*) autobiografico.   vero   falso

   _____

ED ORA ASCOLTIAMO!

Angela, una giovane donna italiana viene intervistata da un giornalista. Sentirai il loro dialogo. Puoi ascoltare il dialogo quante volte vuoi. Poi sentirai, due volte, cinque frasi e dovrai segnare, per ciascuna frase, vero o falso.

1. vero   falso
2. vero   falso
3. vero   falso
4. vero   falso
5. vero   falso

DETTATO

Sentirai un breve dettato. La prima volta, ascolta attentamente. La seconda volta, il dettato verrà letto con pause tra le frasi. Scrivi quello che senti. La terza volta, correggi quello che hai scritto. Scrivi sulle righe date. Controlla il tuo dettato con le soluzioni date in fondo al libro.

Maurizio e Rinaldo _____

_____

_____

_____

_____

_____

_____

_____

Sara è a Bologna, una bella città nella quale (*in which*) è nata la più antica università dell'Europa occidentale. Dopo aver visto la Biblioteca Centrale va in una osteria dove parla con dei signori. Giocano a tarocchi, un vecchio gioco di carte italiano. Sentirai il loro dialogo, che puoi ascoltare quante volte vuoi. Poi sentirai, due volte, tre domande e dovrai scegliere, per ciascuna domanda, la risposta giusta.

Espressioni utili

la Papessa	*female pope*
travestito	*disguised*
il parto	*childbirth*
era stata colta	*she was seized*
era morta	*she died*

1. a. tedesca   b. famosa nell'Appennino emiliano   c. realistica
2. a. una donna nobile   b. la moglie del papa   c. una donna travestita da uomo
3. a. durante il parto   b. in battaglia   c. a 90 anni

9

COME TI SENTI?

VOCABOLARIO PRELIMINARE

A. Per cominciare. Sentirai un dialogo dal tuo testo, seguito da tre frasi. Sentirai il dialogo due volte. La prima volta, ascolta attentamente. La seconda volta, il dialogo verrà ripetuto con le pause per la ripetizione. Poi ascolta le frasi e scegli, per ciascuna frase, vero o falso.

ROBERTA: E allora, che cosa è successo?
ANTONELLA: Non ricordo proprio bene, sciavo molto veloce e poi—improvvisamente ho perso il controllo degli sci, e mi sono svegliata all'ospedale...
ROBERTA: Io mi sono rotta la gamba sinistra lo scorso inverno, una vera scocciatura...
ANTONELLA: Pensa a me allora. I dottori hanno detto che non posso scrivere per almeno due mesi!
ROBERTA: Una bella scusa per non fare i compiti, eh?

1. vero   falso

2. vero   falso

3. vero   falso

B. Indovinelli. Sentirai sei indovinelli. Indovina la parte del corpo alla quale (*to which*) ogni frase fa riferimento. Scrivi nella scatola il numero corrispondente alla parola.

Parole utili

l'ossigeno   *oxygen*
le farfalle   *butterflies*

il cuore   la schiena

i denti   lo stomaco

il naso   la testa

1. ...   2. ...   3. ...   4. ...   5. ...   6. ...

C. Identificazioni. Identifica ogni parte del corpo nel disegno. Scegli le parole fra quelle suggerite. Comincia la frase con **È...** o **Sono...** Ripeti la risposta.

ESEMPIO: *Senti:*   1
            Dici: Sono le dita.

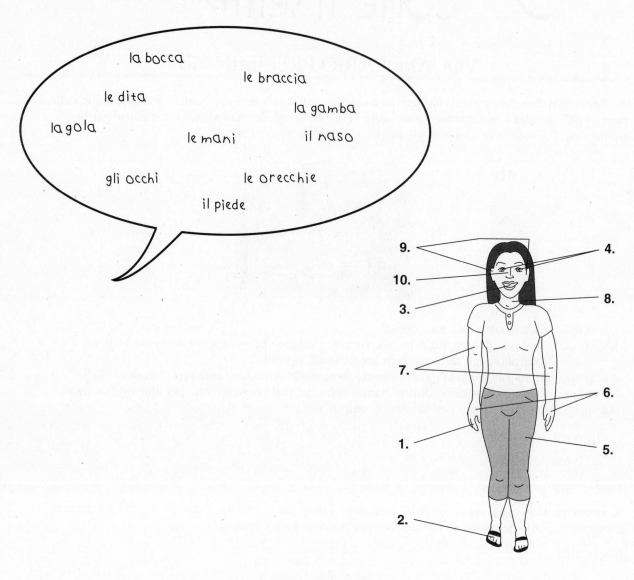

la bocca
le braccia
le dita
la gamba
la gola
le mani
il naso
gli occhi
le orecchie
il piede

9.   4.
10.
3.   8.

7.
6.

1.   5.

2.

GRAMMATICA

A. Pronomi tonici

A. Per cominciare. Sentirai un dialogo dal tuo testo. Sentirai il dialogo due volte. La prima volta, ascolta attentamente. La seconda volta, il dialogo verrà ripetuto con le pause per la ripetizione.

—Quando L'ho visto due settimane fa, mi ha detto che non avevo problemi con la vista.

—Mi dispiace, ma non credo di averLa visitata. Ha visto me, o forse un altro medico?

—Sono sicurissima, ho visto Lei... Oh, mi sbaglio, non ho visto Lei. Ho visto un medico alto, grasso, con capelli neri e occhiali.

B. Per chi? Sentirai chiedere per chi prepari ogni specialità. Rispondi con i pronomi tonici adeguati. Ripeti la risposta.

> ESEMPIO: *Senti:* Questo è per la mamma?
> *Dici:* Sì, è per lei.

1. ... 2. ... 3. ... 4. ... 5. ... 6. ...

C. Curiosità. Luca ti fa tante domande oggi. Rispondi alle sue domande con i pronomi tonici adeguati. Ripeti la risposta.

> ESEMPIO: *Senti:* Esci con Mario?
> *Dici:* Sì, esco con lui.

1. ... 2. ... 3. ... 4. ... 5. ... 6. ...

B. Comparativi

A. Per cominciare. Sentirai un monologo dal tuo testo seguito da tre frasi. Sentirai il monologo due volte. La prima volta, ascolta attentamente. La seconda volta, il monologo verrà ripetuto con le pause per la ripetizione.

> Io ho due gemelli. Sandra è più sportiva di Michele, ma Michele è più interessato alla musica di Sandra. Sandra è meno timida di Michele; lei è molto più estroversa di lui. Michele è carino e gentile come Sandra—sono due ragazzi simpaticissimi.

B. Comparazioni. Usa le informazioni che vedi ed i nomi che senti per fare confronti (*make comparisons*). Ripeti la risposta.

> ESEMPIO: *Senti:* l'America, l'Italia
> *Leggi:* grande [+]
> *Dici:* L'America è più grande dell'Italia.

1. vecchio (−)   4. popolare (−)
2. alto (+)   5. costoso (+)
3. grasso (−)   6. violenti (+)

C. Chi? Guarda il disegno e rispondi alle domande. Sentirai ogni domanda due volte. Ripeti la risposta.

> ESEMPIO: *Senti:* Chi è meno alto di Giorgio?
> *Dici:* Rosa è meno alta di Giorgio.

1. ... 2. ... 3. ... 4. ... 5. ...

C. Superlativi relativi

Claudio lo straordinario! Claudio è un giovanotto (*young fellow*) eccezionale. Di' quanto è bravo al confronto della sua famiglia. Ripeti la risposta.

> ESEMPIO: *Senti:* simpatico
> *Dici:* È il ragazzo più simpatico della famiglia.

1. ...   2. ...   3. ...   4. ...   5. ...

D. Comparativi e superlativi irregolari

A. Per cominciare. Sentirai un dialogo dal tuo testo. Sentirai il dialogo due volte. La prima volta, ascolta attentamente. La seconda volta, il dialogo verrà ripetuto con le pause per la ripetizione.

> MAMMA: Ti senti meglio oggi, Carletto?
> CARLETTO: No, mamma, mi sento peggio.
> MAMMA: Poverino! Ora ti do una medicina che ti farà bene.
> CARLETTO: È buona?
> MAMMA: È buonissima, migliore dello zucchero!
>   ...
> CARLETTO: Mamma, hai detto una bugia! È peggiore del veleno!

B. La medicina di Pinocchio... Pinocchio è malato, o forse no. Sentirai il dialogo tra Pinocchio e la fata (*fairy*) due volte. La prima volta, ascolta attentamente. La seconda volta, completa il dialogo con le parole che mancano. Controlla le tue risposte con le soluzioni date in fondo al libro.

Parole utili

crescere	*to grow*
pericoloso	*perilous*
allungarsi	*to get longer*

> FATA: Allora, Pinocchio, non ti senti _____[1] oggi? Sei pronto per tornare a scuola?
>
> PINOCCHIO: No, fatina, sto ancora male. Anzi, sto _____[2]. Questa è la _____[3] influenza che ho mai avuto...
>
> FATA: Mamma mia, forse è vero, anche il naso ti cresce. Dev'essere un'influenza molto pericolosa... Poverino! Adesso, però ti do una medicina che ti può fare bene...
> PINOCCHIO: E com'è questa medicina? È buona?
>
> FATA: È _____[4] dello zucchero!
>
> PINOCCHIO: Oh fata mia, hai detto una bugia! È _____[5] del veleno!
> FATA: Vedi il vantaggio di essere umani. Se dico una bugia il mio naso non si allunga!

C. Secondo me... Sentirai un'opinione e dovrai esprimere l'opinione opposta. Ripeti la risposta.

> ESEMPIO: *Senti:* Hanno pattinato meglio di tutti!
> *Dici:* No, hanno pattinato peggio di tutti!

1. ...   2. ...   3. ...   4. ...   5. ...

PRONUNCIA: THE SOUNDS OF THE LETTER *r*

There is no parallel in English for the Italian **r** sound. The tongue is held very loosely against the alveolar ridge (right behind the upper teeth) so that the flow of air makes it vibrate.

With practice, most people can learn to roll their **r**'s. If at first you don't succeed . . . Keep trying!

A. *R.* Practice the single **r** sound. Listen and repeat.

1. raccontare
2. regalare
3. riportare
4. romantico
5. russo
6. proprio

B. *Tr* e *r* **finale.** Pay particular attention to the combination **tr** and to the sound of **r** in final position. Listen and repeat.

1. treno
2. strada
3. centro
4. bar
5. per

C. *R* **doppia.** Contrast the single and double sound of **r**. Make a special effort to lengthen the sound of double **r**, and don't worry if your pronunciation seems exaggerated at first. Listen and repeat.

1. caro / carro
2. sera / serra
3. cori / corri
4. spore / porre

D. Parliamo italiano! Listen and repeat.

1. La loro sorella preferisce vestirsi di marrone.
2. Trentatré Trentini entrarono a Trento tutti e trentatré trotterellando su trentatré trattori trainati da treni.
3. Verrà stasera? Sì, ma telefonerà prima di venire.
4. Preferisce comprare le arance dal fruttivendolo? Credo di sì.
5. Corro perché sono in ritardo per le prove del coro.

DIALOGO

Prima parte. Va malissimo! Sentirai un dialogo in cui Valeria racconta ad Emanuele della malattia di suo fratello. Ascolta attentamente il dialogo.

Parole utili

il trapianto	*transplant*
avere meno fiato	*to be out of breath*
sconfiggere	*to defeat*

EMANUELE: Ciao Valeria, come va?

VALERIA: Non troppo bene, anzi, male, malissimo!

EMANUELE: Che è successo?

VALERIA: A me, niente, ma ho appena saputo che mio fratello è ammalato di cuore.

EMANUELE: Mi dispiace davvero, è già una situazione grave?

VALERIA: Deve ancora andare a parlare con gli specialisti, ma ha già saputo che la cura migliore a questo punto, prima che la situazione peggiori, è il trapianto. Ho parlato al telefono con lui mezz'ora fa. Sembrava più morto che vivo.

EMANUELE: Oh, sono davvero dispiaciuto!

VALERIA: In questi giorni sta peggio del solito, ha meno fiato, più problemi di respirazione, si stanca subito e non è ottimista come me. Un trapianto comunque è un'operazione difficile e capisco il suo pessimismo.

EMANUELE: Vero. Però la tecnologia e le medicine oggi possono fare miracoli. La ricerca medica è senz'altro più avanzata di qualche anno fa. E le strutture ospedaliere sono migliori. E tu, stai bene?

VALERIA: Anch'io ho qualche problema di salute in questi giorni: un'influenza fastidiosissima che mi ha dato febbre, mal di testa e mal di gola. In questi giorni le cose non potevano andare peggio per me: prima questa mia indisposizione, poi la notizia di mio fratello!

EMANUELE: Cerca di essere ottimista. Tuo fratello è molto più vecchio di te, è meno forte, ma è anche testardo come te: sono sicuro che può sconfiggere la sua malattia.

Seconda parte. Riavvolgi il nastro e ascolta di nuovo il dialogo. Fa' particolare attenzione ai sintomi, le malattie, e le cure che descrivono.

Terza parte. Sentirai poi, due volte, sei frasi basate sul dialogo. Segna, per ciascuna frase, vero o falso.

1. vero   falso

2. vero   falso

3. vero   falso

4. vero   falso

5. vero   falso

6. vero   falso

ED ORA ASCOLTIAMO!

Sentirai tre dialoghi brevi riguardo ai problemi di salute. Puoi ascoltare i dialoghi quante volte vuoi. Dopo ognuno sentirai una domanda. Scegli la risposta giusta.

1. a. la mano   b. la gamba
2. a. l'influenza   b. il raffreddore
3. a. all'ospedale   b. in farmacia

DETTATO

Sentirai un breve dettato tre volte. La prima volta, ascolta attentamente. La seconda volta, il dettato verrà letto con pause tra le frasi. Scrivi quello che senti. La terza volta, correggi quello che hai scritto. Scrivi sulle righe date. Controlla il tuo dettato con le soluzioni date in fondo al libro.

Il sistema nazionale _____

_____

_____

_____

_____

_____

_____

_____

SARA IN ITALIA

Sara si trova a Torino, sede della prima capitale del regno d'Italia. Torino, nella regione Piemonte, è famosa anche per le sue pasticcerie. Sentirai un dialogo fra Sara e una pasticciera. Ascolta il dialogo quante volte vuoi. Poi sentirai cinque domande. Scegli la risposta giusta.

Frasi utili

la nocciola	*hazelnut*
la pasta di nocciola	*hazelnut paste*
al posto di	*instead of*

1. a. al cioccolato e alla crema   b. alla nocciola   c. al peanut butter
2. a. al cioccolato e alla crema   b. alla nocciola   c. al peanut butter
3. a. È una specialità piemontese.   b. È un prodotto francese.   c. È una specialità di Torino.
4. a. crema e cioccolato   b. cioccolato al latte   c. cioccolato e nocciola
5. a. gianduia   b. gianduiotti   c. piemontesini

10 BUON VIAGGIO!

VOCABOLARIO PRELIMINARE

A. Per cominciare. Sentirai un dialogo dal tuo testo due volte. La prima volta, ascolta attentamente. La seconda volta, il dialogo verrà ripetuto con le pause per la ripetizione.

MARIO: Allora, che programmi hai per l'estate?

DANIELE: Ma, a dire il vero non ho ancora deciso. Forse vado al mare in Sicilia... E tu, niente di speciale questa volta?

MARIO: Quest'estate non vado in vacanza. L'anno scorso sono andato in crociera in Grecia, quest'inverno a sciare in Francia, e poi ho fatto un viaggio in Olanda.

DANIELE: Ora capisco perché non vai in vacanza! O hai finito i giorni di ferie o i soldi per viaggiare all'estero!

B. Una vacanza per tutti i gusti. Sentirai un monologo seguito da quattro domande. Sentirai il monologo due volte. La prima volta, ascolta attentamente. La seconda volta, il monologo verrà ripetuto con le pause per la ripetizione. Poi sentirai le domande due volte e dovrai scegliere la risposta giusta ad ogni domanda.

Finalmente progetti precisi per le nostre vacanze: chi voleva affittare una casa, chi andare in crociera, chi al mare e chi in montagna... La decisione probabilmente soddisfa tutti: andiamo in campagna, in Toscana. Abbiamo trovato un piccolo albergo a due stelle, con una camera singola con bagno per Roberto, una matrimoniale per Alice e Cristiano, ma solo con doccia, e per me una singola con doccia. Io, Alice e Cristiano andiamo sempre in campeggio e usare il bagno comune in albergo per noi non è un problema. Risparmiamo dei soldi e siamo contenti. Non abbiamo neppure dovuto lasciare un anticipo con la carta di credito o mandare un assegno o dei contanti. Speriamo bene! Degli amici comunque mi hanno detto che l'albergo è carino, e la zona favolosa per fare escursioni a cavallo...

1. a. in crociera
   b. al mare
   c. in campagna
   d. in montagna

2. a. una casa
   b. camere in un albergo di lusso
   c. camere in un albergo economico
   d. tre stanze in una pensione

3. a. camera singola con doccia
   b. camera singola con bagno
   c. camera matrimoniale con doccia
   d. camera matrimoniale con bagno

4. a. in contanti
   b. con un assegno
   c. con carta di credito
   d. Non c'è stato anticipo.

C. Ha una camera libera?... Shannon è appena arrivata a Roma dove deve prenotare una stanza in un albergo. Cosa le chiederà l'impiegato? Ferma il nastro e completa il dialogo con le frasi adeguate. Poi sentirai il dialogo due volte. La prima volta, controlla le tue risposte. La seconda volta, il dialogo verrà ripetuto con le pause per la ripetizione.

130.000 lire

Abbiamo una camera, ma senza aria condizionata.

Certo. Come si chiama?

No.   Per quante persone?

Certo, mi può dare il numero?

Per quante notti?

Una camera singola. Con bagno?

IMPIEGATO: Hotel Rex, buona sera. Desidera?

SHANNON: Ha una camera libera?

IMPIEGATO: _____ 1

SHANNON: Per due notti.

IMPIEGATO: _____ 2

SHANNON: Una.

IMPIEGATO: _____ 3

SHANNON: Con doccia va bene.

IMPIEGATO: _____ 4

SHANNON: Non importa se non c'è l'aria condizionata. Quanto costa?

IMPIEGATO: _____ 5

SHANNON: C'è pensione completa?

IMPIEGATO: _____ 6

SHANNON: Posso prenotare adesso?

IMPIEGATO: _____ 7

SHANNON: Shannon Mangiameli. Posso pagare con la carta di credito?

IMPIEGATO: _____ 8

D. Progetti di vacanze. Sentirai tre coppie che parlano dei loro progetti di vacanze. Sentirai ogni dialogo due volte. La prima volta, ascolta attentamente. La seconda volta, completa la tabella con le informazioni adeguate per ciascuna coppia. Controlla le tue risposte con le soluzioni date in fondo al libro.

Parole utili

le comodità	*comforts*
i boschi	*woods*
sborsare	*to pay out*

	COPPIA 1	COPPIA 2	COPPIA 3
destinazione			
mezzo di trasporto			
alloggio			
pagamento			

GRAMMATICA

A. Futuro semplice

A. Per cominciare. Sentirai un dialogo dal tuo testo due volte. La prima volta, ascolta attentamente. La seconda volta, completa il dialogo con le parole che mancano. Controlla le tue risposte con le soluzioni date in fondo al libro.

Alla fine di giugno _____[1] per l'Italia con i miei genitori e mia sorella. _____[2]

l'aereo a New York e _____[3] a Roma. _____[4] una settimana insieme a Roma, poi

i miei genitori _____[5] una macchina e _____[6] il viaggio con mia sorella. Io,

invece, _____[7] a Perugia, dove _____[8] l'italiano per sette settimane. Alla fine di

agosto _____[9] tutti insieme negli Stati Uniti.

B. Il matrimonio di Elsa sarà domenica... Tutti i parenti di Elsa arriveranno la domenica per il suo matrimonio. Di' chi verrà e cosa farà, secondo i suggerimenti. Ripeti la risposta.

ESEMPIO: *Leggi:* arrivare per il matrimonio di Elsa
          Senti: Stefania
          Dici: Domenica Stefania arriverà per il matrimonio di Elsa.

1. portare il regalo per il matrimonio di Elsa
2. fare da testimoni al matrimonio di Elsa
3. fare le fotografie al matrimonio di Elsa
4. guidare la macchina degli sposi per il matrimonio di Elsa
5. portare i fiori per il matrimonio di Elsa
6. celebrare il matrimonio di Elsa

B. Usi speciali del futuro

A. Per cominciare. La mamma di Sara è preoccupata per sua figlia che viaggia per tutta l'Italia e si fa tante domande su quello che farà o non farà. Sentirai il monologo due volte. La prima volta, ascolta attentamente. La seconda volta, completa il monologo con i verbi al futuro. Controlla le tue risposte con le soluzioni date in fondo al libro.

La mia povera bambina. _____ [1] a Venezia? _____ [2] freddo? _____ [3]

abbastanza? _____ [4] abbastanza? _____ [5] soldi a sufficienza? _____ [6] le

cartoline?

B. Domande personali. Di' quando farai le seguenti cose. Rispondi con il verbo al futuro.

ESEMPIO: *Senti e leggi:* Andrò al cinema se...
          Dici: Andrò al cinema se avrò tempo, soldi, ecc....

1. Studierò quando...   4. Potrò riposare (*rest*) dopo che...
2. Andrò a mangiare appena...   5. Ti scriverò una e-mail quando...
3. Pulirò l'appartamento se...

C. Si impersonale

A. Per cominciare. Sentirai un brano dal tuo testo seguito da quattro frasi. Sentirai il brano due volte. La prima volta, ascolta attentamente. La seconda volta il brano verrà ripetuto con le pause per la ripetizione. Poi ascolta le frasi e scegli, per ciascuna frase, vero o falso.

Secondo Alberto, all'università si studia almeno sei ore al giorno, si frequentano tutte le lezioni, non si esce mai il venerdì o il sabato sera, non si parla mai al telefono, non si usa mai la carta di credito, non si comprano mai vestiti e Cd perché si devono risparmiare i soldi per pagare le spese universitarie.

1. vero   falso   3. vero   falso

2. vero   falso   4. vero   falso

B. Non si fa così. Rebecca fa i capricci. Dovrai dirle che certe cose si fanno o non si fanno. Usa il **si** impersonale. Ripeti la risposta.

> ESEMPIO: *Senti:* salutare la maestra
> *Dici:* Si saluta la maestra.

1. ...   2. ...   3. ...   4. ...   5. ...

C. Cosa si è fatto in Italia? Sei appena tornato/tornata da un bel viaggio in Italia. Di' agli amici italiani all'università cosa hai fatto in Italia. Usa il **si** impersonale. Ripeti la risposta.

> ESEMPIO: *Senti:* andare all'università
> *Dici:* Si è andati all'università.

1. ...   2. ...   3. ...   4. ...   5. ...

D. Formazione dei nomi femminili

A. Per cominciare. Sentirai un dialogo dal tuo testo. Sentirai il dialogo due volte. La prima volta, ascolta attentamente. La seconda volta, completa il dialogo con i nomi femminili che mancano. Controlla le tue risposte con le soluzioni date in fondo al libro.

CLAUDIO: Oggi al ricevimento dai Brambilla c'è un sacco di gente interessante.

MARINA: Ah sì? Chi c'è?

CLAUDIO: Il pittore Berardi con la moglie, _____[1] anche lei; dicono che è più brava del

marito... la _____[2] di storia dell'arte Stoppato, il poeta Salimbeni con la moglie

_____,[3] e un paio di scrittori...

MARINA: Che ambiente intellettuale! Ma i Brambilla cosa fanno?

CLAUDIO: Be', lui è un grosso industriale tessile e lei è un'ex-_____.[4]

B. Dal mondo femminile al mondo maschile... Di' la forma al maschile di ogni nome femminile. Ripeti la risposta.

> ESEMPIO: *Senti:* una regista famosa
> *Dici:* un regista famoso

1. ...   2. ...   3. ...   4. ...   5. ...   6. ...   7. ...   8. ...   9. ...   10. ...

PRONUNCIA: THE SOUNDS OF THE LETTERS *b* AND *p*

A. *B* e doppia *b*. The letter **b** is pronounced as in the English word *boy*. Compare and contrast the single and double sounds of **b** in these pairs of words. Listen and repeat.

1. da basso / abbasso
2. abile / abbaiare
3. laboratorio / labbro
4. debole / ebbene

B. *P*. The sound of the letter **p** in Italian is similar to that in the English word *pen*, though without the aspiration or slight puff of air one hears in English. Listen carefully to these English and Italian words, then repeat the Italian word. Listen and repeat.

1. pizza / pizza
2. page / pagina
3. palate / palato
4. pope / papa
5. pepper / pepe

C. Doppia *p*. Compare and contrast the single and double sound of **p** in these pairs of words. Listen and repeat.

1. papa / pappa
2. capelli / cappelli
3. capi / cappi
4. rapito / rapporto

D. Parliamo italiano! Listen and repeat.

1. Paolo ha i capelli e i baffi bianchi.
2. Ho paura di guidare quando c'è la nebbia.
3. Non capisco perché ti arrabbi sempre.
4. Hai già buttato giù la pasta?
5. Giuseppe, stappa una bottiglia di vino buono!

DIALOGO

Prima parte. Sentirai un dialogo in cui Paolo racconta a Renata del suo soggiorno in Italia. Ascolta attentamente il dialogo.

RENATA: Chi si vede! Paolo! Che piacere rivederti!

PAOLO: Grazie, Renata! Come stai?

RENATA: Bene, ma dimmi tu come stai! Dimmi tutto... Ti è piaciuta l'Italia? Come hai trovato Assisi?

PAOLO: Proprio un sogno, un'atmosfera tranquilla e molto spirituale. E poi ho lavorato tanto. Sono riuscito a fare molti quadri, molti disegni...

RENATA: Si vede che stai bene, che sei molto rilassato.

PAOLO: È perché si vive in modo molto semplice lì... Ci si alza presto, si mangia bene, si fa una bella passeggiatina dopo cena...

RENATA: Eh, ti sei abituato alla dolce vita!

PAOLO: Eccome! Non vedo l'ora di tornare in Italia.

Seconda parte. Riavvolgi il nastro e ascolta di nuovo il dialogo. Fa' particolare attenzione alla descrizione di Assisi che dà Paolo.

Terza parte. Sentirai, per due volte, quattro frasi basate sul dialogo. Segna, per ciascuna frase, vero o falso.

1. vero   falso

2. vero   falso

3. vero   falso

4. vero   falso

ED ORA ASCOLTIAMO!

Sentirai un dialogo tra Tony e Cristina in cui discutono dei soldi da portare in viaggio. Puoi ascoltare il dialogo quante volte vuoi. Poi sentirai, due volte, sei frasi e dovrai segnare, per ciascuna frase, vero o falso.

1. vero   falso

2. vero   falso

3. vero   falso

4. vero   falso

5. vero   falso

6. vero   falso

DETTATO

Sentirai un breve dettato tre volte. La prima volta, ascolta attentamente. La seconda volta, il dettato verrà letto con pause tra le frasi. Scrivi quello che senti. La terza volta, correggi quello che hai scritto. Scrivi sulle righe date. Controlla il tuo dettato con le soluzioni date in fondo al libro.

Due coppie _____

_____

_____

_____

_____

_____

_____

_____

_____

_____

SARA IN ITALIA

Ora Sara è sul treno che va verso Firenze. In treno parla con una coppia di mezz'età fiorentina. Sentirai il loro dialogo, che puoi ascoltare quante volte vuoi. Poi sentirai, due volte, tre frasi da completare e dovrai scegliere, per ciascuna frase, il completamento giusto.

1. a. variata come i suoi dialetti   b. peggiore di quella francese   c. di poca importanza
2. a. in Inghilterra   b. in Francia   c. a Firenze
3. a. suo marito   b. il suo dialetto   c. i suoi chef

Capitolo

11 QUANTO NE VUOI?

Name _____

Date _____

Class _____

VOCABOLARIO PRELIMINARE

A. Per cominciare. Sentirai un dialogo dal tuo testo due volte. La prima volta, ascolta attentamente. La seconda volta, il dialogo verrà ripetuto con le pause per la ripetizione.

SILVANA: Sono andata in centro a fare le spese l'altro giorno. C'erano un sacco di sconti nelle boutique e allora non ho resistito...

GIOVANNA: Cos'hai comprato?

SILVANA: Volevo un paio di scarpe eleganti e comode, come quelle che hai tu.

GIOVANNA: Dove le hai trovate?

SILVANA: In via Condotti: un vero affare, solo 300 mila lire.

GIOVANNA: Io invece le ho comprate al mercato: 70 mila lire!

B. Dove lo comprano? Guarda i disegni e di' dove e da chi queste persone fanno la spesa. Ripeti la risposta.

ESEMPIO: *Senti:* Dove comprano le paste le ragazze?
Dici: Le comprano in una pasticceria, dalla pasticciera.

1.

2.

3.

4.

5.

C. Dove siamo? Sentirai, per due volte, due dialoghi. Ascolta i dialoghi e stabilisci dove avvengono (*they take place*).

1. a. Siamo in un negozio di alimentari.   b. Siamo dal panettiere.
2. a. Siamo in una gelateria.   b. Siamo dal fruttivendolo.

GRAMMATICA

A. Usi di **ne**

A. Per cominciare. Sentirai un dialogo dal tuo testo seguito da tre domande. Sentirai il dialogo due volte. La prima volta, ascolta attentamente. La seconda volta, il dialogo verrà ripetuto con le pause per la ripetizione. Scegli poi le risposte giuste alle domande che senti.

MAMMA: Marta, per favore mi compri il pane?
MARTA: Volentieri! Quanto ne vuoi?
MAMMA: Un chilo. Ah sì, ho bisogno anche di prosciutto cotto.
MARTA: Ne prendo due etti?
MAMMA: Puoi prenderne anche quattro: tu e papà ne mangiate sempre tanto!
MARTA: Hai bisogno d'altro?
MAMMA: No, grazie, per il resto vado io al supermercato.

1. a. Ne deve prendere un chilo.   b. Ne deve prendere un chilo e mezzo.
2. a. Ne deve prendere due.   b. Ne deve prendere quattro.
3. a. Ne ha bisogno.   b. Non ne ha bisogno.

B. Quanti? Il tuo compagno di casa è stato via due settimane e ha tante domande da farti al suo ritorno. Rispondi alle sue domande secondo i suggerimenti. Ripeti la risposta.

> ESEMPIO: *Senti:* Quanti film hai visto?
>   *Leggi:* tre
>   *Dici:* Ne ho visti tre.

1. due   4. tanto
2. molto   5. quattro
3. poco   6. un po'

C. Domande personali. Rispondi alle seguenti domande. Usa **ne** nella tua risposta.

1. ... 2. ... 3. ... 4. ... 5. ...

B. Usi di **ci**

A. Per cominciare. Sentirai un dialogo dal tuo testo due volte. La prima volta, ascolta attentamente. La seconda volta, il dialogo verrà ripetuto con le pause per la ripetizione.

PAOLO: Rocco, vieni al cinema con noi domani sera?
ROCCO: No, non ci vengo.
PAOLO: Vieni allo zoo lunedì?
ROCCO: No, non ci vengo.
PAOLO: Vieni in discoteca venerdì sera? Facciamo una festa in onore di Giacomo che ritorna dagli Stati Uniti.
ROCCO: No, non ci vengo.
PAOLO: Ma perché non esci con noi questa settimana? Usciamo sempre insieme.
ROCCO: Vado in vacanza con Maddalena. Andiamo alle Bahamas.
PAOLO: Beh, potevi dirmelo anche prima!

B. Altre domande personali... Rispondi alle domande secondo la tua esperienza personale. Usa **ne** o **ci** nella tua risposta. Poi sentirai due risposte possibili. Ripeti la risposta adatta a te.

    1. ...   2. ...   3. ...   4. ...   5. ...   6. ...

C. Pronomi doppi

A. Per cominciare. Sentirai un dialogo dal tuo testo. Sentirai il dialogo due volte. La prima volta, ascolta attentamente. La seconda volta, completa il dialogo con le parole che mancano. Controlla le tue risposte con le soluzioni date in fondo al libro.

COMMESSA: Allora, signora, ha provato tutto? Come le stanno?

CLIENTE: La gonna è troppo stretta, ma la camicetta va bene. La prendo.

COMMESSA: _____[1] incarto?

CLIENTE: No; _____ _____[2] può mettere da parte? Ora vado a fare la spesa e poi

passo a prenderla quando torno a casa.

COMMESSA: Va bene, signora, _____[3] metto qui, dietro il banco.

B. Di che cosa parliamo? Sentirai, per due volte, sei frasi con pronomi doppi. Dovrai scegliere a quale delle tre frasi scritte si riferisce ogni frase che senti.

> ESEMPIO: *Senti:* glielo do
> *Leggi:* a. Do a lui i libri. b. Do a lei i libri. c. Do a lui o lei il libro.
> *Scegli:* c

1. a. Compriamo i giornali per loro.
   b. Compriamo le scarpe per voi.
   c. Compriamo scarpe e calzini per voi.
2. a. Regalo i profumi a lei.
   b. Regalo la penna e la matita a lei.
   c. Regalo la gonna a lei.
3. a. Diamo l'assegno a te.
   b. Diamo la carta di credito a te.
   c. Diamo i soldi a te.
4. a. Faccio la torta per lui.
   b. Faccio i compiti per lui.
   c. Faccio il compito per lei o per lui.
5. a. Presto il libro a voi.
   b. Presto la mappa e la guida turistica a voi.
   c. Presto la mappa, la guida turistica e il libro a voi.
6. a. Parlo a lui.
   b. Parlo a lei.
   c. Parlo a lui di lei.

C. Oggi no. Ti chiedono tutti dei piaceri, ma oggi non hai tempo e gli rispondi di no. Ripeti la risposta.

> ESEMPIO: *Senti:* Puoi comprare il pane ai vicini (*neighbors*)?
> *Dici:* Mi dispiace; oggi non glielo posso comprare.

1. ... 2. ... 3. ... 4. ... 5. ...

D. Imperativo

A. Per cominciare. Sentirai un monologo dal tuo testo. Sentirai il monologo due volte. La prima volta, ascolta attentamente. La seconda volta, completa il monologo con i verbi all'imperativo che mancano. Controlla le tue risposte con le soluzioni date in fondo al libro.

Consigli di una giornalista ad una adolescente in crisi

Soprattutto _____ _____ [1] da casa. _____ [2] invece, _____ [3]

tanti amici, _____ [4] il modo di capire perché a tua madre quest'uomo piace, perché ha

avuto bisogno di lui. Ti troverai meglio.

B. Professore per un giorno... Immagina di fare il professore e da' istruzioni ai tuoi studenti, secondo i suggerimenti. Ripeti la risposta.

> ESEMPIO: *Senti:* fare l'esercizio
> *Dici:* Fate l'esercizio!

1. ... 2. ... 3. ... 4. ... 5. ... 6. ... 7. ... 8. ...

C. Baby-sitter autoritari... Fai la baby-sitter a Marisa e Stefano. Dovrai dirgli cosa fare e non fare. Ripeti la risposta.

ESEMPIO: *Leggi:* stare zitto
Senti: Marisa e Stefano
Dici: State zitti!

1. avere pazienza
2. andare in cucina
3. non scrivere sul muro
4. pulire il tavolo
5. non mangiare la torta
6. essere buono

D. Ospiti. Hai due ospiti in casa. Quando ti chiedono se possono fare qualcosa, rispondi in modo affermativo. Usa **pure** e i pronomi di oggetto nella tua risposta. Ripeti la risposta.

ESEMPIO: *Senti:* Possiamo leggere la rivista?
Dici: Sì, leggetela pure!

1. ... 2. ... 3. ... 4. ... 5. ...

PRONUNCIA: THE SOUNDS OF THE LETTERS *f* AND *v*

A. F e f doppia. The letter **f** is pronounced as in the English word *fine*. Compare and contrast the single and double sound of **f.** Listen and repeat.

1. da fare / daffare
2. tufo / tuffo
3. befana / beffare
4. epifania / piffero
5. gufo / ciuffo

B. V e doppia v. The letter **v** is pronounced as in the English word *vine*. Compare and contrast the single and double **v** sound in these pairs of words. Listen and repeat.

1. piove / piovve
2. bevi / bevvi
3. evidenza / evviva
4. ovest / ovvio
5. dove / ovvero

C. Parliamo italiano! Listen and repeat.

1. Servo il caffè all'avvocato.
2. È vero che vanno in ufficio alle nove?
3. Pioveva e faceva freddo.
4. L'imperfetto dei verbi irregolari non è difficile.
5. Vittoria aveva davvero fretta.
6. Dove vendono questo profumo?

DIALOGO

Prima parte. Silvana e Giovanna sono a Milano, in una via con negozi molto chic. Ascolta attentamente il dialogo.

Parole utili

addosso	*on*
essere convinto	*to be convinced*

SILVANA: Guarda che bella giacca! Chissà quanto costa! È d'Armani.

GIOVANNA: Be', quanto costa puoi immaginartelo. Siamo in via Montenapoleone!

SILVANA: Dai, entriamo lo stesso! Se ci pensi bene, ci sono sempre delle svendite in questi negozi.

GIOVANNA: Cosa? Mica siamo ai grandi magazzini! Fattelo dire dal commesso, subito, quanto costa quel vestito, così non perdi nemmeno tempo a provarlo... Vedi, non ci sono nemmeno i prezzi in vetrina, questo è già un segno.

SILVANA: Ma che! Provare non costa niente, e poi vederlo addosso, un vestito, è sempre meglio che vederlo dalla vetrina...

COMMESSO: Buongiorno, in cosa posso servirLa?

SILVANA: Ha una taglia quarantaquattro di quella giacca blu in vetrina?

COMMESSO: Penso di sì... Un momento, gliela porto subito. Eccola.

(Alcuni minuti dopo.)

COMMESSO: Come va?

SILVANA: Credo bene, ha proprio una bella linea. Ma non sono convinta del colore...

COMMESSO: Gliela vedo bene addosso, ma se vuole, gliene porto un'altra di un altro colore, che ne dice del verde o del rosso?

SILVANA: No, mi piaceva il blu, in vetrina, ma addosso mi piace la giacca ma non il colore, grazie... A proposito, quanto va?

COMMESSO: Costa un milione e mezzo. Ce ne sono altre simili, in altri colori...

SILVANA: Non importa, grazie, mi interessava proprio questa. ArrivederLa.

COMMESSO: ArrivederLa.

GIOVANNA: Allora, che facevi dentro? Ci sei stata più di mezz'ora! C'erano gli sconti?

SILVANA: Ma quali sconti? Avevi ragione, questi non sono grandi magazzini!

Seconda parte. Riavvolgi il nastro e ascolta di nuovo il dialogo. Fa' particolare attenzione a cosa dicono Silvana e Giovanna sugli affari, i prezzi e la giacca che Silvana vuole provare.

Terza parte. Sentirai poi, due volte, sei frasi basate sul dialogo. Segna, per ciascuna frase, vero o falso.

1. vero   falso

2. vero   falso

3. vero   falso

4. vero   falso

5. vero   falso

6. vero   falso

ED ORA ASCOLTIAMO!

Sentirai tre conversazioni ai grandi magazzini. Puoi ascoltare il dialogo quante volte vuoi. Cosa vogliono comprare queste persone? Di che colore? Di che taglia? Inserisci nella tabella le informazioni che senti. Controlla le tue risposte con le soluzioni date in fondo al libro.

	CLIENTE A	CLIENTE B	CLIENTE C
il capo d'abbigliamento			
il colore			
la taglia			

DETTATO

Sentirai un breve dettato tre volte. La prima volta, ascolta attentamente. La seconda volta, il dettato verrà letto con pause tra le frasi. Scrivi quello che senti. La terza volta, correggi quello che hai scritto. Scrivi sulle righe date. Controlla il tuo dettato con le soluzioni date in fondo al libro.

Giovanna e Silvana _____

_____

_____

_____

_____

_____

_____

_____

_____

_____

_____

_____

SARA IN ITALIA

Sara è a Urbino, una piccola città delle Marche, regione centrale sulla Costa Adriatica. Luogo di nascita di Raffaello, Urbino è ancora circondata (*surrounded*) dalle mura originarie (*original walls*) ed è uno dei gioielli (*jewels*) dell'architettura e delle belle arti rinascimentali. In una bellissima mattina d'estate Sara incontra Carla, una sua amica italiana. Sentirai la loro conversazione. Ascolta il dialogo quante volte vuoi. Poi sentirai tre frasi da completare. Scegli il completamento giusto.

Frasi utili

attirare   *to attract*
tirare sul prezzo   *to negotiate*
                   the price
la barriera delle cassiere   *checkstand*

1. a. un supermercato
   b. un negozio di frutta e verdura
   c. un grande magazzino
2. a. dei prezzi migliori
   b. una storia interessante
   c. un fascino diverso
3. a. ci sono le svendite
   b. tiri sui prezzi
   c. i prezzi sono fissi

12 ARREDARE LA CASA

VOCABOLARIO PRELIMINARE

A. Per cominciare. Sentirai un dialogo dal tuo testo due volte. La prima volta, ascolta attentamente. La seconda volta, completa il dialogo con le parole che mancano. Controlla le tue risposte con le soluzioni date in fondo al libro.

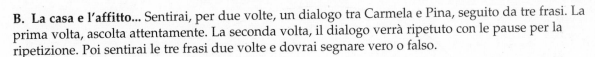

ANTONELLA: Ho saputo che vi sposate tra due settimane!

PATRIZIA: Eh sì, è quasi tutto pronto, ma ci manca solo la

_____¹...

ANTONELLA: La casa!? E dove andate a abitare?

MASSIMO: Dai miei genitori... Non è la migliore soluzione ma, come sai, trovare casa oggi è quasi impossibile: costa troppo!

PATRIZIA: E loro hanno una casa di cinque _____², con

due _____³.

ANTONELLA: E le _____⁴?

MASSIMO: Ce ne sono tre: due _____⁵ e una

_____⁶, per l'eventuale nipote, come dicono loro...

B. La casa e l'affitto... Sentirai, per due volte, un dialogo tra Carmela e Pina, seguito da tre frasi. La prima volta, ascolta attentamente. La seconda volta, il dialogo verrà ripetuto con le pause per la ripetizione. Poi sentirai le tre frasi due volte e dovrai segnare vero o falso.

CARMELA: Allora, hai trovato casa?

PINA: Sì, l'ho trovata, ma adesso devo trovare un secondo lavoro per pagare l'affitto!

CARMELA: E meno male che non abitiamo in una città come New York! Ho appena parlato col mio amico Marco, che ha appena traslocato a New York, e che mi ha detto che gli affitti lì sono tre volte quelli di Milano, per un appartamento di due stanze!

PINA: Ma sono sicura che anche lo stipendio di questo tuo amico sarà adeguato al costo degli appartamenti!

1. vero   falso

2. vero   falso

3. vero   falso

C. Parliamo della casa. Guarda il disegno, poi scrivi le risposte alle domande che senti. Controlla le tue risposte con le soluzioni date in fondo al libro.

ESEMPIO: *Senti:* Dove lascia la bici Sara? Al pianterreno o al primo piano?
Scrivi: al pianterreno

1. _____   4. _____

2. _____   5. _____

3. _____

D. Arrediamo la nuova casa. Sentirai sei frasi e dovrai indovinare a quale oggetto si riferisce ogni frase. Ripeti la risposta.

l'armadio

il divano

la lavastoviglie

la lavatrice

la scrivania

le sedie

✓ lo specchio

ESEMPIO: *Senti:* Mettiamolo nel bagno.
Dici: lo specchio

1. ...   2. ...   3. ...   4. ...   5. ...   6. ...

GRAMMATICA

A. Aggettivi indefiniti

A. Per cominciare. Sentirai un dialogo dal tuo testo due volte. La prima volta, ascolta attentamente. La seconda volta, completa il dialogo con le parole che mancano. Controlla le tue risposte con le soluzioni date in fondo al libro.

PAOLA: Ciao, Claudia! Ho sentito che hai cambiato casa. Dove abiti adesso?

CLAUDIA: Prima vivevo in un appartamentino in centro, ma c'era troppo traffico e troppo rumore; così sono andata a vivere in campagna. Ho trovato una casetta che è un amore... È _____[1] in pietra, ha un orto enorme e _____[2] albero da frutta.

PAOLA: Sono contenta per te! Sai cosa ti dico? _____[3] persone nascono fortunate!

B. Conformisti. Guarda i disegni e di' cosa fanno tutti i soggetti rappresentati. Segui i suggerimenti e usa **tutti** o **tutte** nelle tue risposte. Ripeti la risposta.

ESEMPIO: *Senti:* ragazzi
Leggi: correre
Dici: Tutti i ragazzi corrono.

correre

1. dormire

2. cucinare

3. cambiare casa

4. sistemare i mobili

C. Agenzia immobiliare (*Real Estate Agency*) **Piagenti.** Sentirai la pubblicità per l'agenzia immobiliare Piagenti due volte. La prima volta, ascolta attentamente. La seconda volta, prendi appunti su quello che hai sentito. Poi ferma il nastro e completa le frasi con gli aggettivi indefiniti adeguati. Controlla le tue risposte con le soluzioni date in fondo al libro.

Aggettivi indefiniti: alcune, ogni, qualunque, tutte (*2 volte*)

1. Non vi offriamo una casa _____.

2. Vi offriamo una casa particolare con _____ precise caratteristiche.

3. _____ le stanze hanno l'aria condizionata.

4. _____ le unità hanno due bagni.

5. L'agenzia è aperto _____ giorno dalle 9 alle 17.

B. Pronomi indefiniti

A. Per cominciare. Sentirai un brano dal tuo testo due volte. La prima volta, ascolta attentamente. La seconda volta, il brano verrà ripetuto con le pause per la ripetizione.

Lassù[a] in cielo, qualcuno deve aver lasciato aperto il frigorifero...

[a]*Up there*

B. Che cos'è? Un tuo compagno di classe non ha studiato per l'esame di italiano e ti chiede il significato di tutti i vocaboli. Rispondi e usa **qualcuno** o **qualcosa** insieme alle informazioni date. Ripeti la risposta.

> ESEMPIO: *Senti:* E il lattaio?
> *Leggi:* vende il latte
> *Dici:* È qualcuno che vende il latte.

1. mangiamo a colazione
2. si mangia
3. vende la frutta
4. lavora in un negozio
5. si beve
6. fa il pane

C. Problemi di casa. Sentirai cinque brevi scambi sui problemi di casa di Giulia, Marta e Cinzia, seguiti da domande. Rispondi ad ogni domanda con i pronomi indefiniti adeguati. Ripeti la risposta.

1. ... 2. ... 3. ... 4. ... 5. ...

C. Negativi

A. Per cominciare. Sentirai un dialogo dal tuo testo due volte. La prima volta, ascolta attentamente. La seconda volta, il dialogo verrà ripetuto con le pause per la ripetizione.

MARITO: Sento un rumore in cantina: ci sarà qualcuno, cara...

MOGLIE: Ma no, non c'è nessuno: saranno i topi!

MARITO: Ma che dici? Non abbiamo mai avuto topi in questa casa. Vado a vedere.

(*Alcuni minuti dopo.*)

MOGLIE: Ebbene?

MARITO: Ho guardato dappertutto ma non ho visto niente di strano.

MOGLIE: Meno male!

B. Arrivano le ragazze! Franco è contento di conoscere le tue amiche italiane che arrivano oggi. Rispondi alle sue domande negativamente. Ripeti la risposta.

ESEMPIO: *Senti:* Sono già arrivate?
Dici: No, non sono ancora arrivate.

1. ... 2. ... 3. ... 4. ... 5. ...

C. Che dire? Sentirai cinque frasi due volte. Scegli, fra le seguenti coppie di frasi, quella che si collega meglio alla frase che hai sentito.

1. a. Non mi piacciono le due donne.
   b. Preferisco una delle due.
2. a. Devo ancora leggere alcune pagine del libro.
   b. È stato un bel libro.
3. a. Voglio divertirmi da solo stasera.
   b. Ho organizzato una bella cena per tutti stasera.
4. a. Ho ricevuto solo una lettera per posta.
   b. La posta non è venuta oggi.
5. a. Mi sono completamente rilassato ieri sera.
   b. Ho avuto una serata molto impegnata.

D. Imperativo (**Lei, Loro**)

A. Per cominciare. Sentirai un dialogo dal tuo testo due volte. La prima volta, ascolta attentamente. La seconda volta, completa il dialogo con i verbi all'imperativo che mancano. Controlla le tue risposte con le soluzioni date in fondo al libro.

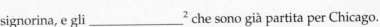

SEGRETARIA: Dottoressa, il signor Biondi ha bisogno urgente di

parlarLe: ha già telefonato tre volte.

DOTTORESSA MANCINI: Che seccatore (*nuisance*)! Gli _____[1] Lei,

signorina, e gli _____[2] che sono già partita per Chicago.

SEGRETARIA: Pronto!... Signor Biondi?... Mi dispiace, la dottoressa è partita per un congresso a

Chicago... Come dice?... L'indirizzo? Veramente, non glielo so dire:

_____[3] pazienza e _____[4] tra dieci giorni!

B. Prego! Di' al tuo professore di fare le seguenti cose, se vuole. Ripeti la risposta.

> ESEMPIO: *Senti:* entrare
> *Dici:* Se vuole entrare, entri!

1. ... 2. ... 3. ... 4. ... 5. ...

C. Professori. Di' a due tuoi professori di non fare le seguenti cose se non possono. Ripeti la risposta.

> ESEMPIO: *Senti:* pagare
> *Dici:* Se non possono pagare, non paghino!

1. ... 2. ... 3. ... 4. ... 5. ...

PRONUNCIA: THE SOUNDS OF THE LETTER *t*

The Italian sound [t] is similar to the **t** in the English word *top*, though it lacks the aspiration (the slight puff of air) that characterizes English **t** at the beginning of a word. To pronounce **t** in Italian, place the tip of the tongue against the back of the upper teeth, but a bit lower than for the similar sound in English.

A. *T.* Compare and contrast the sound of English and Italian **t**. Listen to the English words, then repeat the Italian ones. Listen and repeat.

1. tempo / tempo
2. type / tipo
3. tremble / tremare
4. metro / metro
5. mute / muto

B. *T* e doppia *t*. Compare and contrast the single and double sounds of **t**. Listen and repeat.

1. tuta / tutta
2. fato / fatto
3. mete / mette
4. riti / ritti
5. moto / motto

C. Parliamo italiano! Listen and repeat.

1. Avete fatto tutto in venti minuti. Ottimo!
2. Mettete il latte nel tè?
3. Quanti tavolini all'aperto!
4. Il treno delle quattro e un quarto è partito in ritardo.
5. I salatini sono sul tavolino del salotto.

DIALOGO

Prima parte. Carla incontra il signor Pini, il proprietario dell'appartamento che lei vuole vedere. Ascolta attentamente il dialogo.

SIGNOR PINI: Buon giorno signora Rossi, è pronta per vedere l'appartamento?

CARLA: Buon giorno, signor Pini. Certo che sono pronta, non vedo l'ora. Se corrisponde davvero alla sua descrizione, credo non avrò problemi a prenderlo in affitto.

SIGNOR PINI: È un bell'appartamento, e in una zona centrale, e lei sa come è difficile trovare qualcosa per il prezzo che propongo io...

CARLA: A dire il vero ero rimasta sorpresa dall'annuncio: un appartamento disponibile adesso è incredibile, e poi con quel prezzo...

SIGNOR PINI: Se ne sono interessate molte persone, ma sono io che non ho trovato il candidato... o candidata ideale, debbo dire.

CARLA: Ci sono due camere da letto, vero?

SIGNOR PINI: Sì. È un appartamento con due camere da letto, una camera grande e una camerina, che può fare anche da studio... poi come le avevo già descritto, c'è un soggiorno piuttosto grande, un bagno completo di doccia, e la cucina.

CARLA: Belle queste scale, un bel marmo! Peccato che non c'è l'ascensore! Sono tre piani da fare...

SIGNOR PINI: Come vede, non è un palazzo moderno, ma via, signora, il terzo piano non è tanto in alto... E il trasloco, sa, non è un problema, le scale e le finestre sono molto larghe.

CARLA: Ma ci sarà da portare in casa la spesa di ogni giorno!

SIGNOR PINI: Sono sicuro che il problema non sarà l'appartamento, sarà l'affitto...

CARLA: Come le ho già detto, ho un buon lavoro, l'affitto non è un problema.

SIGNOR PINI: Benissimo allora. Eccoci qui. Ora le mostro l'appartamento...

Seconda parte. Riavvolgi il nastro e ascolta di nuovo il dialogo. Fa' particolare attenzione ai particolari riguardo all'affitto, l'appartamento e il palazzo.

Terza parte. Leggi le sei frasi e segna vero o falso. Poi correggi le frasi sbagliate, secondo il dialogo. Controlla le tue risposte con le soluzioni date in fondo al libro. Ora ferma il nastro.

1.   Carla prenderà l'appartamento quasi di sicuro se le piace: l'affitto non è un problema.   vero   falso

_____

2.   È il signor Pini che decide sull'appartamento: se a lui piace la persona, l'appartamento può essere affittato.   vero   falso

_____

3.   Le camere sono uguali.   vero   falso

_____

4.   Il palazzo dov'è l'appartamento è moderno.   vero   falso

_____

5.   Le scale e le finestre sono larghe: traslocare non sarà difficile.   vero   falso

_____

6.   L'appartamento è al quarto piano.   vero   falso

_____

ED ORA ASCOLTIAMO!

Luigi è veramente felice: ha trovato un appartamento ideale per lui. Sentirai una descrizione del suo appartamento. Ascolta il monologo quante volte vuoi. Guarda la piantina (*floor plan*) e scrivi in ogni stanza il suo nome, secondo la descrizione. Controlla le tue risposte con le soluzioni date in fondo al libro.

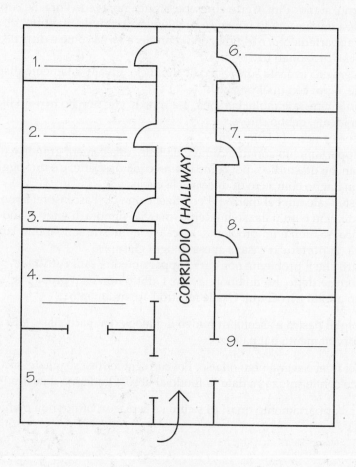

DETTATO

Sentirai un breve dettato tre volte. La prima volta, ascolta attentamente. La seconda volta, il dettato verrà letto con pause tra le frasi. Scrivi quello che senti. La terza volta, correggi quello che hai scritto. Scrivi sulle righe date. Controlla il tuo dettato con le soluzioni date in fondo al libro.

Simonetta e Lucia _____

_____

_____

_____

_____

_____

_____

SARA IN ITALIA

Sara ha scelto Assisi come prossima tappa del suo tour d'Italia. Dopo aver visto i famosi affreschi di Giotto sulla vita di San Francesco d'Assisi, chiede ad una guida turistica più informazioni sul frate del tredicesimo secolo. Sentirai la loro conversazione. Puoi ascoltare il dialogo quante volte vuoi. Poi sentirai, due volte, tre frasi da completare, e dovrai scegliere, per ciascuna frase, il completamento giusto.

1. a. un francese e un'italiana.
   b. un italiano e una francese.
   c. due italiani di Assisi.
2. a. Giovanni.
   b. Pietro.
   c. Matteo.
3. a. è molto comune.
   b. non esiste prima di
      San Francesco.
   c. è raro.

13 È FINITA LA BENZINA!

Name _____

Date _____

Class _____

VOCABOLARIO PRELIMINARE

A. Per cominciare. Sentirai un dialogo tra Susanna e Michele. Sentirai il dialogo due volte. La prima volta, ascolta attentamente. La seconda volta, la parte di Michele verrà ripetuta con le pause per la ripetizione. Poi ferma il nastro e completa le frasi, secondo il dialogo. Controlla le tue risposte con le soluzioni date in fondo al libro.

SUSANNA: Allora, come è andata? Hai preso la patente?

MICHELE: Non me ne parlare nemmeno. No che non l'ho presa, devo tornare il mese prossimo. É stato tutto un enorme fiasco!

SUSANNA: Davvero? Cosa è successo?

MICHELE: Il problema è stato la prova di guida. Ero troppo distratto. Ho cominciato male: non mi sono allacciato la cintura di sicurezza, poi, quando mi hanno chiesto di parcheggiare, ho parcheggiato in divieto di sosta.

SUSANNA: E ti hanno detto di tornare?

MICHELE: Sì... e non ti ho ancora detto della multa che ho preso da un vigile perché ho passato il limite di velocità...

1. Michele _____ la patente.

2. Michele non _____ e ha parcheggiato _____.

3. Michele ha preso _____ da _____ perché

_____.

B. Il traffico e l'ambiente. Sentirai, per due volte, sei definizioni riguardo al traffico e cinque definizioni riguardo all'ambiente e dovrai identificare i termini a cui si riferiscono. Scrivi le risposte nella colonna giusta. Controlla le tue risposte con le soluzioni date in fondo al libro.

> l'effetto serra, la fascia d'ozono, le gomme, l'inquinamento, i mezzi di trasporto, la patente, il pieno di benzina, il riciclaggio, i rifiuti, la targa, il vigile

IL TRAFFICO

1. _____

2. _____

3. _____

4. _____

5. _____

6. _____

L'AMBIENTE

1. _____

2. _____

3. _____

4. _____

5. _____

GRAMMATICA

A. Condizionale presente

A. Per cominciare. Sentirai un dialogo dal tuo testo due volte. La prima volta, ascolta attentamente. La seconda volta, completa il dialogo con le parole che mancano. Controlla le tue risposte con le soluzioni date in fondo al libro.

SANDRO: Pronto, Paola? Senti, oggi sono senza macchina. È dal meccanico

per un controllo. Mi _____[1] un passaggio per andare in

ufficio?

PAOLA: Ma certo! A che ora devo venire a prenderti? Va bene alle otto e un

quarto?

SANDRO: Non _____[2] possibile un po' prima: diciamo alle otto? Mi

_____[3] un vero piacere! Devo essere al lavoro alle otto e mezzo.

PAOLA: Va bene, ci vediamo giù al portone alle otto.

B. Qualcosa da bere? Quando Paola ti offre da bere, rispondi per te e per i tuoi amici che preferireste la bibita suggerita. Ripeti la risposta.

> ESEMPIO: *Senti:*   Vuoi una birra?
> *Leggi:*   un'aranciata
> *Dici:*   No, grazie, preferirei un'aranciata.

1. una cioccolata   4. un'acqua naturale
2. una Coca-Cola   5. un tè freddo
3. una limonata

C. Con un milione di dollari... Cosa farebbero le seguenti persone con un milione di dollari? Rispondi secondo i suggerimenti. Ripeti la risposta.

> ESEMPIO: *Senti:*   i signori Colombi
> *Leggi:*   fare il giro del mondo
> *Dici:*   Farebbero il giro del mondo.

1. comprare uno yacht
2. aiutare i poveri
3. andare a vivere alle Hawaii
4. scrivere il tuo romanzo
5. dare i soldi ai sieropositivi (*people who are HIV-positive*)

D. Cosa faresti? Rispondi alle seguenti domande personali.

1. ...   2. ...   3. ...   4. ...

B. **Dovere**, **potere** e **volere** al condizionale

A. Per cominciare. Sentirai un dialogo due volte. La prima volta, ascolta attentamente. La seconda volta, il dialogo verrà ripetuto con le pause per la ripetizione. Poi ferma il nastro e completa le frasi, secondo il dialogo. Controlla le tue risposte con le soluzioni date in fondo al libro.

Espressioni utili

essere esaurito   *to be exhausted*
farti dare   *to have (someone) give you*

TOMMASO: Vorrei andare in vacanza, sono già esaurito dopo una settimana di scuola!
STEFANIA: Guarda che lo potresti fare: basta chiamare il medico e farti dare qualche giorno di riposo per stress!
TOMMASO: Eh sì, sarebbe bello, ma poi dovrei studiare di più per recuperare il tempo perduto!

1. Tommaso _____ in vacanza.

2. Stefania gli dice che _____.

3. Tommaso risponde che forse è meglio di no, perché dopo _____

_____.

B. Consigli. Daniele ti racconta delle cattive abitudini di tutti. Rispondi che dovrebbero fare o non fare le seguenti cose. Ripeti la risposta.

> ESEMPIO: *Senti:* Bianca beve troppo.
> *Dici:* Non dovrebbe bere troppo.

1. ...   2. ...   3. ...   4. ...   5. ...   6. ...

C. L'esperto di trasporti. Sai tutto riguardo al viaggiare con la macchina. Quando i tuoi amici ti raccontano i loro problemi, proponi delle soluzioni, secondo i suggerimenti. Ripeti la risposta.

> ESEMPIO: *Senti:* Sono quasi rimasta senza benzina.
> *Leggi:* fare il pieno più spesso
> *Dici:* Potresti fare il pieno più spesso!

1. chiedere un passaggio a Laura   4. controllare l'olio
2. rispettare i segnali   5. andare in bici
3. usare la benzina super

C. Condizionale passato

A. Per cominciare. Sentirai un dialogo dal tuo testo due volte. La prima volta, ascolta attentamente. La seconda volta, completa il dialogo con le parole che mancano. Controlla le tue risposte con le soluzioni date in fondo al libro.

IL CARABINIERE: Signore, Lei sa che faceva 90 chilometri all'ora? Il

limite è 50 in questa zona.

IL SIGNORE: Sì, lo so. Chiedo scusa. Ho fretta perché mia moglie

sta per partorire. _____ _____[1]

essere in ospedale mezz'ora fa, ma ho incontrato un

ingorgo (*traffic jam*) enorme e sono stato fermo per

venti minuti.

IL CARABINIERE: Lei sa che ha una freccia che non funziona?

IL SIGNORE: Sì, lo so. È colpa mia. _____

_____[2] portare la macchina dal meccanico

ieri, ma mio figlio si è rotto il braccio e l'ho dovuto

portare all'ospedale.

IL CARABINIERE: Com'è che non ha la targa?

IL SIGNORE: Ho comprato la macchina la settimana scorsa. _____ _____[3] la targa

subito, ma il mio cane è morto e ho dovuto organizzare il funerale.

IL CARABINIERE: Beh, dovrei farLe la multa, ma visto che ha avuto tante tragedie in questi giorni, lascio

perdere. Buona giornata. L'accompagno all'ospedale da Sua moglie.

B. Del senno di poi (*With hindsight*)... Di' cosa avrebbero dovuto fare prima le seguenti persone, secondo i suggerimenti. Ripeti la risposta.

ESEMPIO: *Senti:* Laura è arrivata in ritardo.
Leggi: alzarsi
Dici: Laura avrebbe dovuto alzarsi prima.

1. prenotare   4. prendere
2. arrivare   5. tornare
3. mangiare   6. decidere

C. Tutti al mare! Tutti avevano programmato di studiare questo weekend... prima di sapere della festa al mare di Maurizio. Di' cosa hanno detto tutti, secondo i suggerimenti. Ripeti la risposta.

ESEMPIO: *Senti:* Maria
Dici: Ha detto che avrebbe studiato.

1. ...   2. ...   3. ...   4. ...   5. ...   6. ...

D. Pronomi possessivi

A. Per cominciare. Sentirai un dialogo dal tuo testo. Sentirai il dialogo due volte. La prima volta, ascolta attentamente. La seconda volta, il dialogo verrà ripetuto con le pause per la ripetizione.

DANIELE: La mia macchina è una Ferrari; è velocissima. Com'è la tua?

ANTONIO: La mia è un po' vecchia, ma funziona.

DANIELE: La mia bici è una Bianchi. Che marca è la tua?

ANTONIO: Ma, non lo so. È una bici qualsiasi.

DANIELE: I miei vestiti sono tutti Armani. Che vestiti compri tu?

ANTONIO: I miei non sono di marche famose. Li compro più che altro al mercato.

DANIELE: Mi piacciono solamente le cose di qualità.

ANTONIO: Io ho i gusti semplici e non ho tanti soldi da spendere.

B. Una macchina economica... Sentirai un dialogo tra Aldo e Carlo due volte. La prima volta, ascolta attentamente. La seconda volta, completa il dialogo con le parole che mancano. Controlla le tue risposte con le soluzioni date in fondo al libro.

ALDO: La _____[1] macchina è una Ferrari, è velocissima, com'è la _____[2]?

CARLO: La _____[3] è un po' vecchia e funziona male. Ma come te la puoi permettere una Ferrari, consuma tanta benzina!

ALDO: La prendo solo per le grandi occasioni, altrimenti uso la macchina di _____[4] moglie.

CARLO: E cos'è la _____[5]?

ALDO: La sua è una Fiat del 1997, viaggia bene e risparmia più della _____[6]...

CARLO: Eh, ci credo!

C. Curiosità. Sei ad una festa dove non conosci nessuno. Dovrai cercare di fare due chiacchiere, su qualsiasi argomento (*topic*), secondo i suggerimenti. Ripeti la risposta.

ESEMPIO: *Leggi:* La mia macchina è targata Roma.
Senti: Lei
Dici: La mia è targata Roma, e la Sua?

1. Il mio lavoro è interessante.
2. Nostro zio abita con noi.
3. Le mie nonne abitano a Roma.
4. La mia lavatrice non funziona.
5. I miei figli vanno a scuola.
6. Nostra sorella è sposata.

PRONUNCIA: THE SOUNDS OF THE LETTER *d*

In Italian, the letter **d** is pronounced like the **d** in the English word *tide*. Unlike the English **d**, however, the Italian **d** is always clearly articulated, regardless of position.

A. *D.* Listen carefully to these English and Italian words, then repeat the Italian words. Listen and repeat.

1. ditto / dito
2. day / dei
3. grandma / grande
4. modern / moderno
5. wedding / vedi

B. *D* e doppia *d.* Compare and contrast the single and double sound of **d**. Listen and repeat.

1. Ada / Adda
2. cade / cadde
3. fede / Edda
4. cadi / caddi
5. idea / Iddio

C. Parliamo italiano! Listen and repeat.

1. Avete deciso dove andare questa domenica?
2. Fa freddo in dicembre?
3. Dammi i soldi che ti ho dato!
4. Non devi dare del tu a tutti.
5. Dieci più dodici fa ventidue.
6. Non so cosa dovrei dire al dottore.

DIALOGO

Prima parte. Aldo e Enrico hanno fondato un'associazione di volontari per la protezione dell'ambiente. Salgono in macchina per andare in centro a distribuire volantini (*flyers*) che pubblicizzano la loro prossima riunione. Ascolta attentamente il dialogo.

Parole ed espressioni utili

l'ora di punta	*rush hour*
abituarsi	*to get used to*
evitare	*to avoid*
il rubinetto	*tap*
farci caso	*to notice*
la pigrizia	*laziness*
rendersi conto	*to realize*
figurati!	*just imagine!*
meravigliarsi	*to be surprised*
la mascherina	*face mask*
Comune	*Town Hall*

ENRICO: Guidi tu?

ALDO: Sì, guido io. So che il traffico nelle ore di punta ti da fastidio.

ENRICO: Non è il traffico che mi disturba. È lo smog delle macchine che mi fa venire la nausea e un mal di testa terribile.

ALDO: Purtroppo io mi ci sono abituato.

ENRICO: E il problema è proprio questo: la gente si abitua a respirare sostanze tossiche, ad evitare certe spiagge e certi mari, a non bere più l'acqua del rubinetto, a vedere foreste intere distrutte... La gente si abitua e non ci fa più caso.

ALDO: O meglio, ci fa caso ma preferisce chiudere gli occhi per pigrizia o per egoismo o per interessi privati.

ENRICO: Eppure basterebbe così poco, sarebbe sufficiente incominciare a rendersi conto che la vita del nostro pianeta è in serio pericolo e che è assolutamente dovere di ognuno di noi contribuire a proteggerlo.

ALDO: Guarda come sono neri i muri delle nostre chiese! Figurati i nostri polmoni!

ENRICO: Non dovremmo meravigliarci quando vediamo persone che vanno in bicicletta con la mascherina... Quasi dimenticavo, dobbiamo passare a prendere Paola!

ALDO: Giusto! Adesso che il centro storico è stato chiuso al traffico, dobbiamo fare il giro per via Matteotti e parcheggiare davanti alla casa di Paola.

ENRICO: Ci crederesti? Dopo tutta la pressione messa al Comune, finalmente il centro storico è protetto.

ALDO: Per così dire. La strada è ancora lunga ma almeno è un inizio.

Seconda parte. Riavvolgi il nastro e ascolta di nuovo il dialogo. Fa' particolare attenzione ai discorsi di Aldo e Enrico sull'ambiente e a cosa dicono della loro amica Paola.

Terza parte. Sentirai, per due volte, sei frasi basate sul dialogo. Segna, per ciascuna frase, vero o falso.

1. vero   falso   4. vero   falso

2. vero   falso   5. vero   falso

3. vero   falso   6. vero   falso

ED ORA ASCOLTIAMO!

Sentirai tre dialoghi seguiti da due domande. Puoi ascoltare ogni dialogo quante volte vuoi. Poi dovrai scegliere la risposta giusta a ciascuna domanda.

Dialogo 1

1. a. alle sette   b. alle otto
2. a. la mattina   b. il pomeriggio

Dialogo 2

1. a. Massimo è andato al cinema.
    b. Massimo è uscito con la sua fidanzata.
2. a. Patrizia non è andata a sedere in prima fila.
    b. Patrizia avrebbe voluto sedere in prima fila.

Dialogo 3

1. a. I biglietti saranno in vendita tra un mese.
    b. I biglietti avrebbero dovuto essere comprati già da un po' di tempo.
2. a. I biglietti si potrebbero avere pagando di più.
    b. I biglietti non sono più sul mercato.

DETTATO

Sentirai un breve dettato tre volte. La prima volta, ascolta attentamente. La seconda volta, il dettato verrà letto con pause tra le frasi. Scrivi quello che senti. La terza volta, correggi quello che hai scritto. Scrivi sulle righe date. Controlla il tuo dettato con le soluzioni date in fondo al libro.

Enrico, Aldo e Paola _____

_____

_____

_____

_____

_____
_____
_____
_____
_____
_____
_____

SARA IN ITALIA

Sara è arrivata finalmente alla capitale, dove telefona a un suo amico romano. Sentirai la loro conversazione. Puoi ascoltare il dialogo quante volte vuoi. Poi sentirai, due volte, tre frasi da completare, e dovrai scegliere, per ciascuna frase, la risposta giusta.

1. a. a bere un caffè   b. a prendere un aperitivo   c. a mangiare
2. a. in un ristorante elegante   b. in un ristorante ai Castelli Romani   c. in trattoria
3. a. in moto   b. a piedi   c. in autobus

Name _____

Date _____

Class _____

14 UNO SPETTACOLO DA NON PERDERE!

VOCABOLARIO PRELIMINARE

A. Per cominciare. Sentirai un dialogo dal tuo testo due volte. La prima volta, ascolta attentamente. La seconda volta, completa il dialogo con le parole che mancano. Controlla le tue risposte con le soluzioni date in fondo al libro.

SIGNOR CECCHI: Con chi esci stasera?

CATERINA: Con Enrico. È un _____¹ di professione. Vedrai, ti piacerà.

SIGNOR CECCHI: Non vedo l'ora di incontrarlo! Lo potrei invitare a venire all'_____² con me...

CATERINA: Beh, papà, Enrico non è un tipo da vestirsi elegante per andare ai _____³ o all'opera...

SIGNOR CECCHI: E perché no?

CATERINA: A lui piacciono il _____⁴ e la musica alternativa. Non so se gli piace l'opera...

SIGNOR CECCHI: Ah sì? Suona per caso il _____⁵? Ha i capelli lunghi?

CATERINA: Ma sì. Lo conosci per caso?

SIGNOR CECCHI: No. Ma te l'ho chiesto perché, a dire il vero ero così anch'io da giovane! Ma l'_____⁶ comunque mi piaceva!

B. Indovinelli. Sentirai, per due volte, otto indovinelli. Indovina la parola dello spettacolo alla quale (*to which*) ogni frase si riferisce. Scrivi il numero corrispondente alla parola e di' la risposta. Ripeti la risposta.

ESEMPIO: *Senti:* È la voce femminile più alta.
Segna: 1
Dici: La soprano

_____ l'autore, l'autrice

_____ il basso _____ il coro

_____ il musical

_____ il regista, la regista _____ l'opera

_____ il direttore _____ la prima

_1_ il soprano, la soprano

C. Musica e teatro. Guarda i disegni e rispondi alle domande che senti. Ripeti la risposta.

ESEMPIO:

Senti: Nina e Franco guardano una commedia o una tragedia?
Dici: Guardano una tragedia.

1.

2.

3.

4.

5.

D. Domande personali. Rispondi alle seguenti domande personali. Scrivi sulle righe date.

1. _____

   _____

2. _____

   _____

3. _____

   _____

4. _____

   _____

5. _____

   _____

GRAMMATICA

A. Pronomi relativi

A. Per cominciare. Sentirai un dialogo dal tuo testo. Sentirai il dialogo due volte. La prima volta, ascolta attentamente. La seconda volta, il dialogo verrà ripetuto con le pause per la ripetizione.

ANTONIO: Conosci quel ragazzo?

BRUNO: No, non lo conosco. È il ragazzo con cui è uscita ieri Roberta?

ANTONIO: No.

BRUNO: È il ragazzo di cui è innamorata Gianna?

ANTONIO: No.

BRUNO: Allora, chi è?

ANTONIO: Tu, ovviamente, non ti intendi di musica pop. Lui è il cantautore Eros Ramazzotti di cui tutti parlano!

BRUNO: Oh! Allora, andiamo a parlargli!

B. Benvenuta! È appena arrivata alla stazione una tua amica. Indica le varie cose della tua città che vedete mentre l'accompagni a casa. Segui i suggerimenti. Ripeti la risposta.

ESEMPIO: *Senti:* Vado in quella palestra.
Dici: Quella è la palestra in cui vado.

1. ... 2. ... 3. ... 4. ... 5. ...

C. Festival. Parla del festival estivo dello spettacolo, secondo i suggerimenti. Usa **che** per legare le due frasi. Ripeti la risposta.

ESEMPIO: *Leggi:* Il musicista suona stasera.
Senti: È famoso.
Dici: Il musicista che suona stasera è famoso.

1. La canzone ha vinto il festival.
2. Il tenore canta l'opera.
3. La regista ha messo in scena la commedia.
4. La soprano canta in tedesco.
5. L'attore recita nell'*Amleto*.

D. Non lo capisco! Simone è un tipo difficile da capire! Di' che non capisci tante cose riguardo a lui, secondo i suggerimenti. Ripeti la risposta.

ESEMPIO: *Senti:* dire
Dici: Non capisco quello che dice.

1. ... 2. ... 3. ... 4. ...

B. Chi

A. Per cominciare. Sentirai un dialogo due volte. La prima volta, ascolta attentamente. La seconda volta, il dialogo verrà ripetuto con le pause per la ripetizione della parte della nonna.

NONNA: Chi parla?
SANDRA: Sono io, nonna!
NONNA: Chi?
SANDRA: Io, la tua nipote!
NONNA: E chi sei?
SANDRA: Come chi sono, quante nipoti hai?
NONNA: Mah, chissà, non si sa mai chi chiama al telefono e per quale motivo...
SANDRA: Ma la mia voce la riconosci?
NONNA: No.

B. Generalità. Trasforma le frasi che senti. Comincia la nuova frase con **Chi...**, secondo l'esempio. Ripeti la risposta.

> ESEMPIO: *Senti:* Le persone che parlano troppo non sono simpatiche.
> *Dici:* Chi parla troppo non è simpatico.

1. ...   2. ...   3. ...   4. ...   5. ...

C. Chi? Sentirai, per due volte, cinque definizioni. Dovrai scegliere la parola che viene descritta nella definizione.

> ESEMPIO: *Senti:* Chi scrive e canta canzoni.
>
> *Leggi e segna:* il basso (il cantautore)

1. a. il pittore   b. lo scultore   4. a. il regista   b. il compositore

2. a. l'ascensore   b. le scale   5. a. il frigo   b. il forno

3. a. l'autore   b. l'attore

C. Costruzioni con l'infinito

A. Per cominciare. Sentirai un dialogo dal tuo testo seguito da tre frasi da completare. Sentirai il dialogo due volte. La prima volta, ascolta attentamente. La seconda volta, sottolinea i verbi all'infinito. Poi dovrai fermare il nastro e completare le frasi. Controlla le tue risposte con le soluzioni date in fondo al libro.

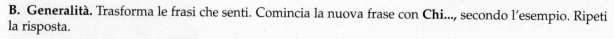

MARCELLO: Ho sentito che ormai trovare biglietti per il concerto di Zucchero è impossibile. Ti sei ricordato di chiedere al tuo amico se conosce qualcuno che ha biglietti da vendere?
PIETRO: Oh no! Ho dimenticato!
MARCELLO: Non preoccuparti! Mi sono ricordato di cercarli io. Li ho comprati da mio cugino perché sapevo che avresti dimenticato.

1. Marcello dice che _____

_____

_____ .

2. Pietro ha dimenticato di _____

_____.

3. Marcello si è ricordato _____

_____.

B. Propositi (*Intentions*) **e pensieri.** Quali sono i tuoi propositi? E i tuoi pensieri? Componi una frase sola, secondo i suggerimenti. Ripeti la risposta.

ESEMPIO: *Senti:* Ho paura: non voglio dimenticare l'appuntamento!
Leggi: dimenticare l'appuntamento
Dici: Ho paura di dimenticare l'appuntamento!

1. preparare la tavola
2. contare fino a cento in spagnolo
3. non mangiare più le caramelle
4. andare in vacanza
5. farmi male in cucina
6. ascoltare dischi

C. Alcune domande personali. Rispondi alle seguenti domande secondo le tue esperienze personali. Usa la costruzione con l'infinito.

ESEMPIO: *Senti:* Che cosa ha bisogno di fare?
Dici: Ho bisogno di fare più ginnastica.

1. ... 2. ... 3. ... 4. ... 5. ...

D. Nomi e aggettivi in -a

A. Dal plurale al singolare. Sentirai sei frasi al plurale. Cambia le frasi al singolare. Ripeti la risposta.

ESEMPIO: *Senti:* I programmi della televisione sono ripetitivi.
Dici: Il programma della televisione è ripetitivo.

1. ... 2. ... 3. ... 4. ... 5. ...

B. Chi sono? Sentirai, per due volte, cinque descrizioni di persone. Ascolta attentamente e di' chi sono le persone descritte. Ripeti la risposta.

ESEMPIO: *Senti:* È un signore che visita un paese straniero.
Dici: È un turista.

1. ... 2. ... 3. ... 4. ... 5. ...

C. Domande personali. Rispondi alle seguenti domande secondo le tue esperienze personali.

1. ... 2. ... 3. ... 4. ... 5. ...

DIALOGO

Prima parte. Il signor Cecchi ha due figlie, Caterina che esce con un musicista e Valeria che esce con Luca, un attore, regista e scrittore. Ascolta attentamente il dialogo.

Parole utili

le tematiche	*themes*
attualissime	*very relevant/current*
la regia	*direction/production*

SIGNOR CECCHI: Con chi esci stasera?

VALERIA: Con Luca. Vedrai, ti piacerà, è un attore, regista teatrale, scrittore...

SIGNOR CECCHI: Non vedo l'ora di incontrarlo! Lo potrei invitare a venire alla prima di «Sei personaggi in cerca di autore» con me...

VALERIA: Beh, papà, Luca non è il tipo da vestirsi elegante per andare alle prime, e poi è un regista di spettacoli alternativi, Pirandello forse non gli interessa: è un autore così usato, vecchio, stanco...

SIGNOR CECCHI: E perché no, che male c'è con Pirandello? Vecchio? Stanco? Ma che dici? Le sue tematiche sono attualissime... E poi, chi è questo Luca, non è forse un regista? Ogni spettacolo dovrebbe interessargli. E poi cosa fa, non va alla prima dei suoi spettacoli?

VALERIA: Forse hai ragione. Dovresti domandarglielo tu, se glielo chiedo io, chissà, forse mi direbbe di no. Eccolo qui, ho sentito che ha suonato il campanello...

LUCA: Buonasera, signor Cecchi.

SIGNOR CECCHI: Buonasera Luca, piacere di conoscerti. Mia figlia mi ha appena detto che lavori nel teatro... Che spettacoli fai?

LUCA: Mi interessa la regia di autori giovani, o contemporanei, come Dario Fo, ma anche i più tradizionali, di repertorio, non mi dispiacciono...

SIGNOR CECCHI: Conosci Pirandello?

LUCA: Certo che lo conosco. Ho cominciato a collaborare proprio in questi giorni su una regia di «Così è se vi pare»... Perché sorride, signor Cecchi?

SIGNOR CECCHI: Sai, Valeria mi diceva che ero troppo vecchio perché mi piaceva Pirandello!

LUCA: Sono sicuro che Le piacerebbero anche i miei spettacoli, quelli che allestisco io: l'alienazione, le crisi d'identità, il contrasto tra l'essere e l'apparire, la solitudine delle persone, sono sempre questi i temi che mi piace rappresentare!

SIGNOR CECCHI: Ho capito: la prossima settimana prendo due biglietti per il teatro e andiamo noi due. Valeria rimarrà a casa!

Seconda parte. Riavvolgi il nastro e ascolta di nuovo il dialogo. Fa' particolare attenzione ai gusti di Luca e del signor Cecchi.

Terza parte. Sentirai, per due volte, cinque domande e dovrai scegliere la risposta giusta a ciascuna domanda.

1. a. È un musicista.
   b. È un regista.
2. a. spettacoli alternativi
   b. spettacoli tradizionali
3. a. Pirandello
   b. Dario Fo
4. a. Pensa che non gli piaccia Pirandello.
   b. Pensa che non gli piaccia Dario Fo.
5. a. Il signor Cecchi va a teatro con Valeria.
   b. Il signor Cecchi va a teatro con Luca.

ED ORA ASCOLTIAMO!

Sentirai un dialogo tra Nicoletta e Elena in cui discutono sui loro gusti musicali, seguito da quattro frasi da completare. Puoi ascoltare il dialogo quante volte vuoi. Poi dovrai fermare il nastro e completare le frasi, secondo il dialogo. Controlla le tue risposte con le soluzioni date in fondo al libro.

1. La canzone di Gino Paoli è _____ e ha più di _____ anni.

2. Gli strumenti che ci sono nelle canzoni preferite da Nicoletta sono, per esempio, _____

   _____ e _____ _____.

3. Elena preferisce invece le canzoni di Dalla, De Gregori e Guccini e _____ _____

   _____.

4. Nicoletta, in questa settimana, guarderà in televisione _____ _____ _____

   _____.

DETTATO

Sentirai un breve dettato tre volte. La prima volta, ascolta attentamente. La seconda volta, il dettato verrà letto con pause tra le frasi. Scrivi quello che senti. La terza volta, correggi quello che hai scritto. Scrivi sulle righe date. Controlla il tuo dettato con le soluzioni date in fondo al libro.

Clark e Christie _____

_____

_____

_____

_____

_____

_____

_____

_____

_____

_____

_____

_____

_____

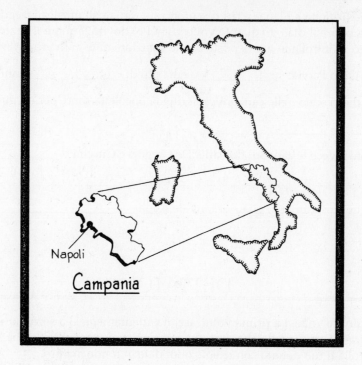

Da Roma Sara si sposta (*travels*) verso sud, a Napoli, per vedere il bellissimo golfo e il profilo minaccioso (*ominous outline*) del Monte Vesuvio. Ora si trova in una vecchia pizzeria a parlare con il pizzaiolo, il signor Fuschino. Sentirai il loro dialogo, che puoi ascoltare quante volte vuoi. Poi sentirai, due volte, tre domande, e dovrai scegliere, per ciascuna domanda, la risposta giusta.

Parole utili

le acciughe	*anchovies*
i capperi	*capers*
l'aglio	*garlic*
diffondersi	*to spread*
un sacco	*a lot*

1. a. una famosa pizzaiola   b. la regina d'Italia   c. la creatrice della prima pizza
2. a. tre pizze   b. un ritratto   c. gli spaghetti alla napoletana
3. a. bianco e rosso   b. bianco e verde   c. bianco, rosso e verde

15 CHI FU DANTE?

Name _____

Date _____

Class _____

VOCABOLARIO PRELIMINARE

A. Per cominciare. Sentirai un dialogo seguito da cinque domande. Sentirai il dialogo due volte. La prima volta, ascolta attentamente. La seconda volta, il dialogo verrà ripetuto con le pause per la ripetizione. Sentirai, per due volte, cinque domande e dovrai scrivere le risposte giuste alle domande. Controlla le tue risposte con le soluzioni date in fondo al libro.

FRANCO: Hai visto il Cenacolo di Leonardo dopo il restauro?

ROSSELLA: No, non ancora. Tu ci sei stato? Che ne dici?

FRANCO: Bellissimo! Ma ci ho messo più di un'ora per entrare, c'era una fila lunghissima, e tutta di italiani, questa volta...

ROSSELLA: Sorpreso? Aspettavi solo turisti? Anche gli italiani si interessano d'arte, cosa credi? Ma dimmi, com'era?

FRANCO: È certo un restauro che possiamo paragonare a quello della Cappella Sistina, anche se l'affresco è ancora molto rovinato e delle parti non ci sono più. Ma finalmente è visibile al pubblico, e rimane sempre un'opera d'arte molto suggestiva!

ROSSELLA: Proverò ad andarci questo fine settimana.

1. _____

2. _____

3. _____

4. _____

5. _____

B. Le belle arti. Sentirai, per due volte, cinque frasi incomplete. Ascolta attentamente, poi dovrai scegliere la conclusione giusta.

ESEMPIO: *Senti:* Mi piace leggere, ma non mi piacciono le cose lunghe; preferisco...

Leggi e segna: i romanzi   i dipinti   (i racconti)

1. a. quadro   b. scavo   c. racconto

2. a. la rima   b. l'archeologia   c. la pittura

3. a. un capolavoro   b. un affresco   c. una poesia

4. a. ruderi   b. poeti   c. restauri

5. a. rovine   b. architettura   c. scultura

C. Un capolavoro della letteratura italiana: Dante e la *Divina Commedia*. Sentirai una lettura su Dante due volte. La prima volta, ascolta attentamente. La seconda volta, completa la lettura con le parole che mancano. Controlla le tue risposte con le soluzioni date in fondo al libro. Ora ferma il nastro, dai un'occhiata alla lettura e leggi la nota a piè di pagina (*footnote*).

Espressioni utili

la salvezza	*salvation*
la simpatia	*liking*
essere dannato	*to be damned*

Non possiamo che cominciare a parlare di letteratura italiana con il nome di Dante, uno dei grandi

del '300 italiano, insieme a Boccaccio e Petrarca. Il _____[1] di Dante è la *Divina Commedia*,

un'opera in versi. L'opera narra il viaggio dell'_____[2] nei tre regni dell'Inferno, Purgatorio

e Paradiso, alla ricerca di una salvezza personale e collettiva. La _____[3] dantesca è stata

molto importante per la lingua italiana. Intere generazioni hanno imparato a memoria dei versi della

Divina Commedia. Hanno _____[4] dal poema, e specialmente dall'inizio... «Nel mezzo del

cammin di nostra vita / mi ritrovai per una selva oscura / che la diritta via era smarrita»[a]...

_____[5] la *Divina Commedia* è difficile perché è una vera enciclopedia del sapere, della

poesia, della filosofia, ed è ricchissima di fatti e personaggi del Medioevo. Ed è anche una storia, un

_____[6] appassionante: Dante che passa attraverso i tre regni fino alla visione finale di Dio.

L'Inferno è la parte più famosa, nell'*Inferno* troviamo i personaggi più umani e più affascinanti. E

forse noi abbiamo simpatia per queste figure perché anche noi, come Dante, ci riconosciamo in loro,

anche se sono dannati...

[a]*In the midst of this walk of life / I found myself in dark woods / in which the straight path was missing...*

GRAMMATICA

A. Passato remoto

A. Per cominciare. Sentirai un monologo dal tuo testo due volte. La prima volta, ascolta attentamente. La seconda volta, il monologo verrà ripetuto con le pause per la ripetizione. Poi sentirai, due volte, cinque frasi e dovrai segnare, per ciascuna frase, vero o falso.

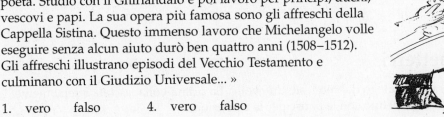

«Oggi vi parlerò di Michelangelo, di questo grandissimo artista che si affermò come pittore, scultore, architetto ed anche come poeta. Studiò con il Ghirlandaio e poi lavorò per principi, duchi, vescovi e papi. La sua opera più famosa sono gli affreschi della Cappella Sistina. Questo immenso lavoro che Michelangelo volle eseguire senza alcun aiuto durò ben quattro anni (1508–1512). Gli affreschi illustrano episodi del Vecchio Testamento e culminano con il Giudizio Universale... »

1. vero   falso   4. vero   falso

2. vero   falso   5. vero   falso

3. vero   falso

B. Chi venne in America? Di' chi venne in America, secondo i suggerimenti. Ripeti la risposta.

> ESEMPIO: *Senti:*   mio nonno
> *Dici:*   Tuo nonno venne in America.

1. ...   2. ...   3. ...   4. ...   5. ...   6. ...

B. Numeri ordinali

A. Personaggi storici. Di' il nome e il titolo di ogni personaggio. Usa i numeri ordinali. Ripeti la risposta.

> ESEMPIO: *Leggi:*   Giovanni Paolo II, papa
> *Dici:*   Giovanni Paolo Secondo, papa

1. Luigi XIV, re di Francia
2. Giovanni XXIII, papa
3. Enrico VIII, re d'Inghilterra
4. Carlo V, imperatore di Spagna e di Germania
5. Vittorio Emanuele II, re d'Italia
6. Elisabetta I, regina d'Inghilterra

B. In quale secolo? Di' in quale secolo successero i seguenti avvenimenti. Ripeti la risposta.

> ESEMPIO: *Senti:* nell'anno 1517, la Riforma luterana
> *Dici:* nel sedicesimo secolo

1. ... 2. ... 3. ... 4. ... 5. ... 6. ...

C. Quale periodo? Sentirai nominare un secolo e dovrai dire a quale periodo corrisponde. Ripeti la risposta.

> ESEMPIO: *Senti:* il sedicesimo secolo
> *Dici:* il Cinquecento

1. ... 2. ... 3. ... 4. ... 5. ... 6. ...

C. **Volerci** vs **metterci**

A. Per cominciare. Sentirai un dialogo dal tuo testo due volte. La prima volta, ascolta attentamente. La seconda volta, il dialogo verrà ripetuto con le pause per la ripetizione.

—Quanto ci vuole per arrivare a Cutrofiano?

—Dipende da quale strada sceglie. Potrebbe metterci mezz'ora o potrebbe metterci due ore.

B. Quanto ci vuole? Di' quanto ci vuole per fare le seguenti cose, secondo i suggerimenti. Ripeti la risposta.

> ESEMPIO: *Senti:* Per fare la torta...
> *Leggi:* un'ora e mezzo
> *Dici:* Per fare la torta ci vuole un'ora e mezzo.

1. un'ora
2. tre ore e mezzo
3. una mezza giornata
4. mezz'ora
5. due minuti

DIALOGO

Prima parte. Oggi c'è l'interrogazione in classe. Sentirai Lorenza rispondere sull'argomento: l'Italia e l'italiano. Ascolta attentamente il dialogo.

Parole utili

considerando	*considering*
la cifra	*figure*
la minoranza	*minority*
imporre	*to impose*
l'anima	*soul*

PROFESSOR GORI: Lorenza, puoi dirmi quanti italiani parlavano davvero l'italiano nel 1861, al momento dell'Unificazione?

LORENZA: Secondo il libro, solo il 2,5 %. Possiamo anche alzare la cifra al 7–8% dell'intera popolazione, considerando gli abitanti della Toscana, e di parte del Lazio, ma il risultato non cambia molto. L'italiano, come lo chiamiamo oggi, corrispondeva al dialetto fiorentino, e nella penisola era principalmente una lingua scritta, non parlata. Era parlata solo da una minoranza della popolazione. L'Italia era una penisola politicamente, economicamente e culturalmente divisa. Gli italiani parlavano i dialetti delle loro regioni.

PROFESSOR GORI: Per quali ragioni il fiorentino è diventato la lingua nazionale?

LORENZA: Era più prestigioso di altri dialetti italiani perché aveva una sua letteratura, con Dante, Boccaccio, Petrarca... Al momento dell'Unità italiana, Firenze non aveva più il prestigio economico per imporre la lingua, ma certo aveva il prestigio culturale. E lo stato italiano, appena formato, aveva bisogno di una lingua. Gli abitanti del resto d'Italia hanno dovuto imparare l'italiano a scuola, come una lingua straniera.

PROFESSOR GORI: E adesso?

LORENZA: Adesso l'italiano si è trasformato molto, tutti lo parlano, e molte parole degli altri dialetti fanno parte del patrimonio della lingua italiana.

PROFESSOR GORI: Perché si è trasformato?

LORENZA: Si è trasformato perché è diventato una lingua parlata, non solo scritta. E nel ventesimo secolo ha potuto diffondersi attraverso la televisione, la radio, i giornali, e anche perché gli italiani oggi vanno tutti a scuola...

PROFESSOR GORI: Altre cose da aggiungere?

LORENZA: L'anima della lingua italiana è però ancora quella medievale e rinascimentale: il settanta per cento delle parole che usiamo oggi, possiamo già trovarle negli autori medievali, in Dante, per esempio.

PROFESSOR GORI: Brava Lorenza! Ci hai dato le informazioni essenziali per capire lo sviluppo dell'italiano. Ti do un bel nove!

Seconda parte. Riavvolgi il nastro e ascolta di nuovo il dialogo. Fa' particolare attenzione riguardo alla trasformazione della lingua italiana.

Terza parte. Sentirai, per due volte, sei domande. Ascolta attentamente e sottolinea la parte di testo in cui si parla dell'argomento della domanda. Poi scrivi le risposte sulle righe date. Controlla le tue risposte con le soluzioni date in fondo al libro.

1. _____

2. _____

3. _____

4. _____

5. _____

6. _____

ED ORA ASCOLTIAMO!

Sentirai l'inizio di una lezione su Boccaccio. Puoi ascoltare il monologo quante volte vuoi. Poi sentirai, due volte, sei frasi e dovrai segnare, per ciascuna frase, vero o falso.

1. vero   falso

2. vero   falso

3. vero   falso

4. vero   falso

5. vero   falso

6. vero   falso

DETTATO

Sentirai un dettato tre volte. La prima volta, ascolta attentamente. La seconda volta, il dettato verrà letto con pause tra le frasi. Scrivi quello che senti. La terza volta, correggi quello che hai scritto. Scrivi sulle righe date. Controlla il tuo dettato con le soluzioni date in fondo al libro.

Petrarca scrisse le *Rime* _____

_____

_____

_____

_____

_____

_____

_____

_____

_____

_____

_____

_____

_____

SARA IN ITALIA

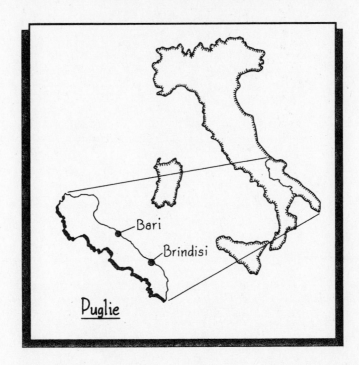

Sara continua il suo viaggio sud, questa volta fa tappa a Bari, il porto principale del Sud-est dell'Italia. Bari è la capitale della regione delle Puglie. Sara si trova a parlare con una signora di mezz'età. Sentirai la loro conversazione. Puoi ascoltare il dialogo quante volte vuoi. Poi sentirai, due volte, tre domande, e dovrai scegliere, per ciascuna domanda, la risposta giusta.

1. a. nel pomeriggio   b. di notte   c. alla sera
2. a. Ebbe paura.   b. Tornò indietro (*back*).   c. Pianse.
3. a. La sgridò. (*She yelled at her.*) b. Chiamò suo padre.   c. Le chiese dove era stata.

Capitolo

16 PER CHI VOTI?

Name _____

Date _____

Class _____

VOCABOLARIO PRELIMINARE

A. Per cominciare. Sentirai un dialogo dal tuo testo, seguito da tre frasi. Sentirai il dialogo due volte. La prima volta, ascolta attentamente. La seconda volta, il dialogo verrà ripetuto con le pause per la ripetizione. Poi ascolta le frasi e scegli, per ciascuna frase, vero o falso.

MARISA: Finalmente un'Europa unita, con una sola moneta!

ADRIANA: A dire il vero dobbiamo aspettare fino al 2002 perché tutti gli stati della comunità abbiano l'euro. E un po' mi dispiace che la lira scompaia...

MARISA: Spero che questa unità porti più lavoro e meno disoccupazione.

ADRIANA: Speriamo. Ma intanto oggi dobbiamo votare per il nuovo Parlamento europeo.

MARISA: E tu, per chi voti?

ADRIANA: Per chi difende la democrazia, gli interessi di tutti i cittadini... e dell'Italia in Europa!

MARISA: E quale sarebbe il partito giusto?

ADRIANA: Devo ancora deciderlo!

1. vero   falso

2. vero   falso

3. vero   falso

B. Politica e società. Sentirai, per due volte, cinque frasi da completare. Ascolta attentamente, poi scegli il completamento giusto.

ESEMPIO: *Senti:* Mia sorella è segretaria presso l'Olivetti. È...

Segna: a. un'impiegata.   b. un'operaia.   c. una deputata.

1. a. un aumento.   b. una riduzione.   c. una costituzione.

2. a. partiti politici.   b. ministri.   c. disoccupati.

3. a. diminuire.   b. scioperare.   c. votare.

4. a. le tasse.   b. gli operai.   c. le elezioni.

5. a. in aumento.   b. in sciopero.   c. in diminuzione.

C. La politica italiana e sociale... Definizioni. Sentirai, per due volte, otto definizioni riguardo allo Stato e sei definizioni riguardo ai problemi sociali. Dovrai identificare i termini a cui si riferiscono. Scrivi le risposte nella colonna adeguata. Controlla le tue risposte con le soluzioni date in fondo al libro.

la Camera dei Deputati e il Senato

la Costituzione

il deputato, la deputata

la disoccupazione

le elezioni

l'operaio, l'operaia

l'impiegato, l'impiegata

il primo ministro

il Presidente della Repubblica

il salario, lo stipendio

le tasse

il voto   uno sciopero   votare

LO STATO	I PROBLEMI SOCIALI
1. _____	1. _____
2. _____	2. _____
3. _____	3. _____
4. _____	4. _____
5. _____	5. _____
6. _____	6. _____
7. _____	
8. _____	

GRAMMATICA

A. Congiuntivo presente

A. Per cominciare. Sentirai un dialogo dal tuo testo due volte. La prima volta, ascolta attentamente. La seconda volta, completa il dialogo con i verbi al congiuntivo presente che mancano. Controlla le tue risposte con le soluzioni date in fondo al libro.

SIGNOR TESTA: Ho l'impressione che i problemi del mondo

_____ [1] in continuo aumento: mi pare

che _____ [2] il problema della povertà,

così come quello della disoccupazione; mi sembra

che _____ [3] i problemi delle minoranze

e degli immigrati; credo che _____ [4]

molto gravi i problemi ecologici... chi vuoi che

_____ [5] ai pensionati?

SIGNOR MAZZOLA: Ma anche i nostri problemi sono importanti e

dobbiamo farci sentire. Anzi, io penso che

_____ [6] necessario che tutti _____ _____ [7] dei problemi di tutti, non

solo dei propri!

B. Candidati al Parlamento... Sentirai un dialogo tra Silvia e Marzia, seguito da tre frasi. Sentirai il dialogo due volte. La prima volta, ascolta attentamente. La seconda volta, il dialogo verrà ripetuto con le pause per la ripetizione. Poi ascolta le frasi e scegli, per ciascuna frase, vero o falso.

Espressioni utili

essere coscienti	*to be aware*
ritenere giusto	*to consider it right*
possedere	*to possess*

SILVIA: E allora, cosa sai di questi candidati al Parlamento?
MARZIA: Credo siano i migliori, non mi sembra che usino alcuna demagogia: vogliono che la disoccupazione diminuisca, che i salari siano difesi, che i diritti dei lavoratori non siano toccati, ma sono anche coscienti che tutto ha un prezzo e che tutti dovranno fare sacrifici...
SILVIA: Dipende chi dovrà fare i sacrifici, a dire il vero: sono stanca che a pagare siano sempre le donne, le casalinghe, i giovani, i pensionati.
MARZIA: Sai, la mia candidata preferita ha proposto una tassa sui capitali, perché non ritiene giusto che ci sia una piccola percentuale della popolazione che possiede tanta ricchezza e non paga nulla.

1. vero   falso

2. vero   falso

3. vero   falso

C. Le faccende di casa. Quando Renata ti chiede di fare le faccende di casa, rispondi che vuoi che le facciano gli altri, secondo i suggerimenti. Ripeti la risposta.

> ESEMPIO: *Senti:* Pulirai il frigo?
> *Leggi:* Paolo
> *Dici:* No, voglio che Paolo pulisca il frigo!

1. voi
2. tu
3. gli altri
4. Claudio
5. tu e Claudio

B. Verbi ed espressioni che richiedono il congiuntivo

A. Per cominciare. Sentirai un dialogo dal tuo testo. Sentirai il dialogo due volte. La prima volta, ascolta attentamente. La seconda volta, il dialogo verrà ripetuto con le pause per la ripetizione.

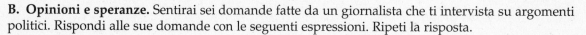

CAMERIERE: Professore, vuole che Le porti il solito caffè o preferisce un poncino?
PROFESSORE: Fa un po' fresco... Forse è meglio che prenda un poncino. Scalda di più.
CAMERIERE: Speriamo che questo sciopero finisca presto, professore.
PROFESSORE: Certo, ma bisogna che prima gli insegnanti abbiano un miglioramento delle loro condizioni di lavoro.

B. Opinioni e speranze. Sentirai sei domande fatte da un giornalista che ti intervista su argomenti politici. Rispondi alle sue domande con le seguenti espressioni. Ripeti la risposta.

> ESEMPIO: *Senti:* Il razzismo è un problema molto grave?
> *Leggi:* Mi pare...
> *Dici:* Mi pare che il razzismo sia un problema molto grave.

1. Ho l'impressione che...
2. Mi dispiace che...
3. Sono contento che...
4. Immagino che...
5. Mi dispiace che...
6. È probabile che...

C. Sfumature. Fai il dirigente di un'azienda e devi parlare in modo preciso. Esprimi le tue opinioni secondo i suggerimenti. Ripeti la risposta.

> ESEMPI: *Senti:* Preferisco...
> *Leggi:* Morelli va a Roma.
> *Dici:* Preferisco che Morelli vada a Roma.
>
> *Senti:* Sono certo...
> *Leggi:* Avete il personale necessario.
> *Dici:* Sono certo che avete il personale necessario.

1. Arrivate puntuali.
2. Gli operai sono in sciopero.
3. Finiamo in tempo.
4. Tutti partecipano alla riunione.
5. Dobbiamo licenziare (*fire*) qualcuno.

D. Opinioni sulla politica. Esprimi delle opinioni sulla politica, secondo i suggerimenti. Ripeti la risposta.

ESEMPIO: *Senti:* Dubito...
Leggi: il primo ministro andare in Cina
Dici: Dubito che il primo ministro vada in Cina.

1. l'inflazione essere ferma
2. lo sciopero continuare
3. il governo vincere le elezioni
4. il mio stipendio aumentare
5. il governo mettere nuove tasse
6. i politici essere onesti

E. Cosa pensi della politica? Sentirai sei espressioni che richiedono il congiuntivo. Dovrai formare delle frasi complete con le espressioni che senti, utilizzando (*using*) un soggetto della colonna A e un verbo della colonna B. Di' la tua frase e poi ascolta, di seguito, una risposta possibile.

ESEMPIO: *Senti:* Immagino...
Dici: Immagino che il governo alzi le tasse.

A	B
il conflitto tra industria e operai	avere un buon esito (*outcome*)
i deputati al Parlamento	essere onesto
i ministri	fermare l'inflazione
lo sciopero	finire prima

C. Congiuntivo passato

A. Per cominciare. Sentirai un dialogo dal tuo testo. Sentirai il dialogo due volte. La prima volta, ascolta attentamente. La seconda volta, il dialogo verrà ripetuto con le pause per la ripetizione.

—Perché Maria non si è licenziata (*quit*)? Ieri mi ha detto che non le piaceva il suo lavoro e che avrebbe dato le dimissioni oggi.

—Penso che le abbiano aumentato lo stipendio.

B. Speranze. Fai la parte dell'attivista politico ed esprimi la tua speranza in risposta alle domande che ti fa un giornalista. Ripeti la risposta.

ESEMPIO: *Senti:* Il governo ha aiutato i poveri?
Dici: Spero che abbia aiutato i poveri.

1. ... 2. ... 3. ... 4. ... 5. ...

DIALOGO

Prima parte. Sentirai un dialogo tra Sabrina e Davide sulle recenti elezioni. Ascolta attentamente.

Parole utili

affatto	*not at all*
lo choc	*shock*
buffo	*funny*

SABRINA: Mah, che dici dei risultati delle elezioni?

DAVIDE: Guarda, non mi dire niente, non sono affatto contento...

SABRINA: Io sono più neutrale, aspetto di vedere adesso quello che succederà. Ma sono rimasta sorpresa dall'astensionismo. Di solito c'è più dell'80 per cento degli italiani che vota, vedere solo il 60 per cento è stato uno choc.

DAVIDE: Sai, io non ero convinto da nessuno dei candidati, ma sono andato a votare lo stesso. È stata una decisione difficile.

SABRINA: Anche molte delle mie amiche hanno deciso di non andare a votare. Io però sono andata, voglio provare a cambiare le cose, o comunque a esprimere la mia opinione politica...

DAVIDE: Non ti chiedo per chi hai votato. Se non abbiamo votato uguale poi mi arrabbio!

SABRINA: Ma come sei buffo! E perché? Possiamo almeno discutere i nostri punti di vista, se sono differenti.

DAVIDE: Allora dimmi: per il governo o contro il governo?

SABRINA: È una domanda interessante, perché il mio candidato non fa parte del governo ma non è contro il governo...

DAVIDE: Sabrina, ma questi sono indovinelli!

SABRINA: Lo so che ti è difficile capire, con tutti questi partiti che ci sono!

DAVIDE: Va bene, non ti chiedo di più... A proposito, sei andata in giro ieri a distribuire volantini per la manifestazione femminista?

SABRINA: No, perché?

DAVIDE: Perché io ci sono andato, ed è stato un peccato che tu non sia venuta. Meno male che ci sono io a promuovere i diritti delle donne nella società...

SABRINA: Vero, vero, senza di te le femministe sarebbero finite...

Seconda parte. Riavvolgi il nastro e ascolta di nuovo il dialogo. Fa' particolare attenzione a cosa dicono Sabrina e Davide sulle elezioni e la manifestazione femminista.

Terza parte. Sentirai due volte, sei frasi basate sul dialogo. Segna, per ciascuna frase, vero o falso.

1. vero   falso

2. vero   falso

3. vero   falso

4. vero   falso

5. vero   falso

6. vero   falso

ED ORA ASCOLTIAMO!

Aliza, una studentessa americana di storia, discute con Valerio del sistema politico italiano. Sentirai il loro dialogo. Puoi ascoltare il dialogo quante volte vuoi. Poi sentirai, due volte, sei frasi e dovrai segnare, per ciascuna frase, vero o falso.

1. vero   falso   4. vero   falso

2. vero   falso   5. vero   falso

3. vero   falso   6. vero   falso

DETTATO

Sentirai un breve dettato tre volte. La prima volta, ascolta attentamente. La seconda volta, il dettato verrà letto con pause tra le frasi. Scrivi quello che senti. La terza volta, correggi quello che hai scritto. Scrivi sulle righe date. Controlla il tuo dettato con le soluzioni date in fondo al libro.

Guido ha invitato _____

_____

_____

_____

_____

_____

_____

_____

_____

_____

_____

_____

_____

_____

_____

_____

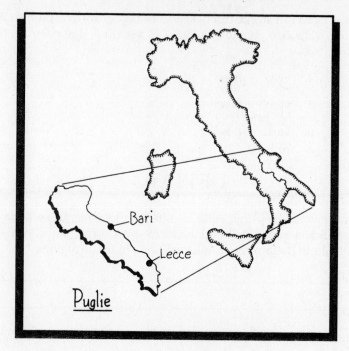

Sara è a Lecce, una piccola città barocca nel tacco (*heel*) dello stivale. Sara parla con un suo amico del suo viaggio. Sentirai il loro dialogo, che puoi ascoltare quante volte vuoi. Poi sentirai, due volte, tre frasi da completare e dovrai scegliere, per ciascuna frase, il completamento giusto.

Espressioni utili

la rotta	*route*
talmente	*so very*
sentirsi al suo agio	*to feel comfortable*
gira-mondo	*globe-trotting*

1. a. talmente piene di turisti.
   b. con troppo traffico.
   c. troppo inquinate.
2. a. alla sua famiglia.
   b. a dove vivessero i veneziani.
   c. al suo ragazzo.
3. a. degli stranieri.
   b. di non poter sopravvivere, da sola, in un paese straniero.
   c. della gente.

Capitolo

17 FARE DOMANDA DI LAVORO

Name _____

Date _____

Class _____

VOCABOLARIO PRELIMINARE

A. Per cominciare. Sentirai un dialogo dal tuo testo. Sentirai il dialogo due volte. La prima volta, ascolta attentamente. La seconda volta, il dialogo verrà ripetuto con le pause per la ripetizione.

EMANUELE: Inflazione, disoccupazione, crisi economica... e come lo trovo un lavoro?
GABRIELLA: Bisogna avere pazienza e insistere: fare domande, rispondere agli annunci, partecipare ai concorsi...
EMANUELE: E tu, da quanto tempo insisti?
GABRIELLA: A dire il vero io un lavoro ce l'ho: e serve anche a trovarti un lavoro. Lavoro per il sindacato, io!

B. Definizioni. Sentirai, per due volte, cinque definizioni riguardo al lavoro. Scrivi la lettera del termine affianco del numero della definizione che senti.

1. _____   a. il lavoratore, la lavoratrice

2. _____   b. il sindacato

3. _____   c. il costo della vita

4. _____   d. l'assistenza sanitaria nazionale

5. _____   e. il colloquio di lavoro

C. Breve storia di Alessandra. Sentirai, per due volte, un brano seguito da cinque frasi. Ascolta attentamente. Poi dovrai scegliere, per ciascuna frase, vero o falso.

1. vero   falso

2. vero   falso

3. vero   falso

4. vero   falso

5. vero   falso

GRAMMATICA

A. Congiunzioni che richiedono il congiuntivo

A. Per cominciare. Sentirai un dialogo dal tuo testo. Ascolta attentamente. Poi sentirai, due volte, tre frasi da completare e dovrai scegliere, per ciascuna frase, il completamento giusto.

SIGNOR ONGETTA: Pronto, Signora Croci? Buongiorno, sono il rappresentante della Bottega del Gioiello. A proposito delle catene d'oro... non deve preoccuparsi, le ho già spedite e arriveranno in settimana... a meno che la posta non abbia ritardi!

SIGNORA CROCI: Sarebbe possibile una seconda spedizione prima che finisca l'anno? Ai nostri clienti piacciono molto le vostre creazioni!

SIGNOR ONGETTA: Non glielo posso promettere: per quanto i miei operai facciano il possibile, c'è sempre la possibilità di qualche intoppo (*obstacle*).

SIGNORA CROCI: E il costo, sarà lo stesso?

SIGNOR ONGETTA: Beh, no, ci sarà un leggero aumento. Ne capirà i motivi senza che glieli spieghi: il prezzo dell'oro, il costo della mano d'opera, l'inflazione...

1. a. l'anno. b. il mese. c. la settimana.
2. a. uno sconto. b. una seconda spedizione. c. una terza spedizione.
3. a. più alto. b. uguale. c. più basso.

B. Chi si sveglia prima? La tua compagna di casa esce di casa prima di tutti la mattina. Di' prima di chi esce di casa, secondo i suggerimenti. Ripeti la risposta.

ESEMPIO: *Senti:* tu
          Dici: Esce di casa prima che io mi alzi.

1. ... 2. ... 3. ... 4. ... 5. ...

C. Scopi, condizioni. Parla dei tuoi programmi di carriera e anche di quelli dei tuoi amici. Completa le frasi che senti, secondo i suggerimenti. Ripeti la risposta.

ESEMPIO: *Senti:* La ditta mi assume purché...
          Leggi: io / avere i requisiti
          Dici: La ditta mi assume purché io abbia i requisiti.

1. tu / poter trovare lavoro facilmente
2. io / continuare a telefonare
3. lei / non avere la macchina
4. voi / accompagnarmi in agenzia
5. Beatrice / poter essere felice

D. Un vero amico. Sentirai, per due volte, un monologo in cui Mauro parla a Maria di qualcosa che lei ha fatto che lo ha ferito (*hurt him*). Ascolta attentamente. Poi ferma il nastro e completa le frasi, secondo il monologo. Controlla le tue risposte con le soluzioni date in fondo al libro.

1. Ti voglio parlare affinché _____

_____.

2. Anch'io sono qui benché _____.

3. Continuerò a parlarti a condizione che _____.

4. ...sono tuo amico, sebbene quello che tu hai fatto _____.

5. E sarò ancora tuo amico purché _____.

6. Starò ad ascoltarti anche tutta la notte, a meno che_____.

B. Altri usi del congiuntivo

A. Per cominciare. Sentirai un monologo dal tuo testo. Sentirai il monologo due volte. La prima volta, ascolta attentamente. La seconda volta, completa il monologo con le parole che mancano. Controlla le tue risposte con le soluzioni date in fondo al libro.

_____[1] siate, mi dovete ubbidire! _____[2] decisione io prenda, dovete essere

d'accordo! _____[3] io vada, dovete seguirmi!

B. Certezze. Di' le frasi che senti con convinzione, secondo i suggerimenti. Ripeti la risposta.

> ESEMPIO: *Senti:* Le persone che cercano lavoro devono riempire questi moduli.
> *Leggi:* Chiunque...
> *Dici:* Chiunque cerchi lavoro deve riempire questi moduli.

1. Dovunque...
2. Qualunque cosa...
3. Comunque...
4. Chiunque...
5. Qualunque...

C. Cattivo umore. Sei di cattivo umore oggi. Lamentati di tutto, secondo i suggerimenti. Ripeti la risposta.

> ESEMPIO: *Leggi:* nessuno / amarmi
> *Dici:* Non c'è nessuno che mi ami.

1. niente / interessarmi
2. nessuno / volere studiare con me
3. niente / piacermi nel frigo
4. nessuno / farmi regali

C. Congiuntivo o infinito?

A. Per cominciare. Sentirai un dialogo dal tuo testo due volte. La prima volta, ascolta attentamente. La seconda volta, il dialogo verrà ripetuto con le pause per la ripetizione. Poi sentirai, due volte, tre frasi da completare e dovrai scegliere, per ciascuna frase, il completamento giusto.

FIORELLA: Valentina, come mai in giro a quest'ora? Non sei andata in ufficio?

VALENTINA: Non lo sapevi? Ho chiesto altri sei mesi di aspettativa per avere più tempo per mio figlio.

FIORELLA: Sei contenta di stare a casa?

VALENTINA: Per ora sì, ma tra sei mesi bisogna che io torni a lavorare e allora mio marito chiederà l'aspettativa per stare con il bambino.

1. a. in ufficio.
   b. a casa.
   c. in giro.
2. a. licenziarsi.
   b. stare di più con suo figlio.
   c. tornare al lavoro subito.
3. a. tre mesi
   b. sei mesi
   c. dodici mesi

B. Impressioni, pensieri e sentimenti. A cosa pensano tutti? Di' a cosa pensi e a cosa pensano i tuoi amici, secondo i suggerimenti. Ripeti la risposta.

ESEMPI: *Senti:* Io spero...
       Leggi: Tu hai fortuna.
       Dici: Io spero che tu abbia fortuna.

       Senti: Lisa vuole...
       Leggi: Lisa trova un lavoro.
       Dici: Lisa vuole trovare un lavoro.

1. Marco è sfortunato.
2. Sonia torna presto.
3. Perdete il lavoro.
4. Sono in ritardo.
5. Herbert non dice la verità.

C. Pensieri e opinioni personali. Componi delle frasi nuove che cominciano con le espressioni suggerite. Usa **che** + indicativo, **che** + congiuntivo, o l'infinito con o senza **di**. Ripeti la risposta.

ESEMPI: *Leggi:* Marco è in sciopero.
       Senti: È vero...
       Dici: È vero che Marco è in sciopero.

       Senti: Crediamo...
       Dici: Crediamo che Marco sia in sciopero.

       Senti: Marco vorrebbe...
       Dici: Marco vorrebbe essere in sciopero.

Voto socialista.

    1. ...   2. ...   3. ...   4. ...

Hanno avuto un aumento.

    1. ...   2. ...   3. ...   4. ...

DIALOGO

Prima parte. Cinzia e Francesco parlano delle loro prospettive di lavoro. Ascolta attentamente il dialogo.

Parole utili

le Poste	*Italian Postal Service*
il portiere	*doorman/concierge*
il ragioniere	*accountant*
essere costretto a	*to be forced to*

CINZIA: Dimmi un po', Francesco, vorresti veramente cambiare lavoro per entrare alle Poste?

FRANCESCO: Certo. Non ne posso più dello stress di lavorare come portiere di notte, rispondere ai telefoni, usare i computer, mandare i fax, tutto da solo... Alle Poste almeno non devo lavorare di notte!

CINZIA: Hai tutti i requisiti necessari per fare domanda?

FRANCESCO: Sì, ho il mio diploma di ragioniere, ho l'esperienza giusta, ottime capacità organizzative. Ho anche mandato il mio curriculum ad altre aziende, se per caso potessi avere altre opportunità... E tu, invece, che hai intenzione di fare col tuo lavoro? Alla fine dell'aspettativa torni a scuola?

CINZIA: Sì, ormai insegnare è la cosa che mi piace di più, e poi quando saremo in tre ci sarà bisogno del mio stipendio. Quello solo di mio marito non sarebbe sufficiente e io non voglio essere costretta a traslocare in un appartamento meno grande di quello che abbiamo adesso.

Seconda parte. Riavvolgi il nastro e ascolta di nuovo il dialogo. Fa' particolare attenzione a cosa dicono Francesco e Cinzia riguardo al loro lavoro.

Terza parte. Ora sentirai, per due volte, cinque frasi da completare. Scegli il completamento giusto.

1. a. è costretto a
   b. non ha deciso di
   c. vuole veramente
2. a. i colleghi sono insopportabili.
   b. i computer ed i telefoni lo fanno impazzire (*go crazy*).
   c. le sue mansioni sono troppo limitate.
3. a. dovrà aspettare
   b. ha bisogno di specializzarsi
   c. ha tutti i requisiti
4. a. una passione.
   b. poco soddisfacente (*satisfying*).
   c. noioso ma necessario.
5. a. della colf (*domestic helper*).
   b. di due stipendi.
   c. di un appartamento più grande.

ED ORA ASCOLTIAMO!

Sentirai un messaggio di posta elettronica che Laura invia al suo fidanzato Roberto. Puoi ascoltare il brano quante volte vuoi. Poi sentirai, due volte, cinque frasi e dovrai segnare, per ciascuna frase, vero o falso.

1. vero   falso

2. vero   falso

3. vero   falso

4. vero   falso

5. vero   falso

DETTATO

Sentirai un dettato tre volte. La prima volta, ascolta attentamente. La seconda volta, il dettato verrà letto con pause tra le frasi. Scrivi quello che senti. La terza volta, correggi quello che hai scritto. Scrivi sulle righe date. Controlla il tuo dettato con le soluzioni date in fondo al libro.

Stamattina Cinzia, Gabriella e Francesco _____

_____

_____

_____

_____

_____

_____

_____

_____

_____

_____

_____

_____

_____

SARA IN ITALIA

Con il tempo che diventa sempre più bello, Sara decide di andare al mare. Oggi si trova a Capo Rizzuto, nella regione Calabria. Parla con una ragazza del posto. Sentirai il loro dialogo. Puoi ascoltare il dialogo quante volte vuoi. Poi sentirai, due volte, tre frasi da completare, e dovrai scegliere, per ciascuna frase, il completamento giusto.

1. a. Ionio
    b. Adriatico
    c. Tirreno
2. a. che bagna molti paesi
    b. tra l'Italia e la ex-Jugoslavia
    c. che bagna la riviera italiana e francese
3. a. «grande acqua»
    b. «tra le terre»
    c. «meditativo»

18 LA SOCIETÀ MULTICULTURALE

VOCABOLARIO PRELIMINARE

A. Per cominciare. Sentirai un dialogo dal tuo testo. Sentirai il dialogo due volte. La prima volta, ascolta attentamente. La seconda volta, il dialogo verrà ripetuto con le pause per la ripetizione.

ANTONIO: Siete andati tu e Carla alla manifestazione contro la violenza razzista ieri?

FABRIZIO: Sì, e ho portato anche due miei studenti del Nord Africa, per mostrargli la nostra solidarietà...

ANTONIO: È stata bellissima, non credi? Con tutti quei giovani che cantavano e si tenevano per mano.

FABRIZIO: I giovani sono la nostra speranza. Il razzismo non è genetico, è una cosa che impariamo quando riceviamo messaggi che dobbiamo avere paura di chi è diverso.

ANTONIO: È quello che dico sempre ai miei figli. La diversità è un valore positivo, e possiamo imparare tanto dalle altre culture...

B. Definizioni. Sentirai, per due volte, sei definizioni riguardo ai problemi sociali. Scrivi la lettera del termine a fianco del numero della definizione che senti.

1. _____   a. l'immigrazione   4. _____   d. l'extracomunitario

2. _____   b. la tossicodipendenza   5. _____   e. il consumismo

3. _____   c. l'alcolismo   6. _____   f. il razzismo

C. Per discutere dei problemi sociali... Sentirai cinque definizioni. Dovrai scegliere e dire la definizione che abbia lo stesso significato. Ripeti la risposta.

ESEMPIO: *Senti:* opporsi al razzismo
          Dici: essere contro il razzismo

convivere con diverse razze
eliminare le differenze di classe
essere a favore della diversità
essere contro il razzismo
essere impegnato in politica
fidarsi degli stranieri

1. ...   2. ...   3. ...   4. ...   5. ...

GRAMMATICA

A. Imperfetto del congiuntivo

A. Per cominciare. Sentirai un dialogo dal tuo testo due volte. La prima volta, ascolta attentamente. La seconda volta, completa il dialogo con le parole che mancano. Controlla le tue risposte con le soluzioni date in fondo al libro.

CINZIA: Così tuo padre non voleva che tu _____ _____ [1] con Shamira?

IVAN: Assurdo! Sperava invece che _____ _____ [2] di Daniela, così sarei diventato dirigente nell'azienda di suo padre!

CINZIA: Che materialista! E tua madre?

IVAN: Lei invece non vedeva l'ora che _____ _____ [3] con Shamira! Non può sopportare Daniela!

B. Problemi di famiglia. Piera ti racconta dei problemi con i suoi genitori. Rispondi che sarebbe meglio che i suoi genitori non facessero quelle cose, secondo i suggerimenti. Ripeti la risposta.

> ESEMPIO: *Senti:* Interferiscono sempre!
> *Dici:* Sarebbe meglio che non interferissero.

1. ...   2. ...   3. ...   4. ...

C. Lo zio Carlo. Racconta ai tuoi amici come ha reagito tuo zio, che è un tradizionalista, quando gli hai raccontato della tua vita indipendente. Ripeti la risposta.

> ESEMPIO: *Leggi:* dividere un appartamento con gli amici
> *Dici:* Non credeva che io dividessi un appartamento con gli amici.

1. guadagnarsi da vivere a 20 anni
2. volere studiare invece di sposarsi subito
3. impegnarmi per eliminare il consumismo
4. essere felice della mia vita

B. Il trapassato del congiuntivo

A. Non sapevo! Il tuo amico ti racconta tante novità. Di' che non sapevi tali cose, secondo i suggerimenti. Ripeti la risposta.

> ESEMPIO: *Senti e leggi:* Nicoletta ha vinto il torneo di tennis.
> *Dici:* Non sapevo che avesse vinto il torneo di tennis!

1. Nadia ha studiato tutta la notte.
2. Claudio ed io siamo andati alla riunione.
3. Fabio ed io abbiamo avuto l'aumento.
4. Mia madre è stata politicamente impegnata.
5. Ho giudicato male i loro amici.

B. Zia Matilda. La tua zia credeva nella filosofia che «non si è mai troppo vecchi!» Completa le frasi che elencano le cose che ha fatto, secondo i suggerimenti. Comincia il completamento con **benché non.** Ripeti la risposta.

> ESEMPIO: *Senti e leggi:* A ottant'anni scrisse un libro...
> *Dici:* ...benché non avesse mai scritto prima.

1. A settant'anni dipinse un quadro...
2. A sessant'anni scolpì una statua...
3. A cinquant'anni si sposò...
4. A settant'anni fece un lungo viaggio...
5. A settant'anni imparò a nuotare...

C. Correlazione dei tempi al congiuntivo

A. Per cominciare. Sentirai un dialogo dal tuo testo due volte. La prima volta, ascolta attentamente. La seconda volta, completa il dialogo con le parole che mancano. Controlla le tue risposte con le soluzioni date in fondo al libro.

LAURA: Mamma, ho deciso di accettare quel lavoro a New York.

MADRE: Ma non sarebbe meglio che _____ _____[1] qui a Trieste,

vicino alla famiglia, agli amici? A New York c'è il problema della

violenza e della droga: non voglio che _____ _____[2]

qualcosa di brutto...

LAURA: Mamma, il problema della violenza e della droga c'è in tutte le grosse città. E poi, vorrei che tu

_____[3] che è importante che io _____[4] nuove esperienze.

MADRE: Capisco, Laura, ma è naturale che io _____ _____[5]...

B. Idee politiche. Completa le seguenti frasi, secondo i suggerimenti. Ripeti la risposta.

> ESEMPIO: *Senti:* Vorrei che...
> *Leggi:* il razzismo / non esistere
> *Dici:* Vorrei che il razzismo non esistesse.

1. la gente / cercare di eliminare l'inquinamento
2. i genitori / apprezzare le idee dei giovani
3. la gente / prendere sul serio i problemi degli anziani
4. il governo / lavorare per eliminare la povertà

C. Acquisti. Giuseppe e Franca hanno appena acquistato una nuova macchina. Quando Giuseppe ti confida (*tells you*) i suoi pensieri sull'argomento, esprimi il tuo accordo. Ripeti la risposta.

> ESEMPIO: *Senti:* Speriamo di avere fatto bene.
> *Dici:* Anch'io spero che abbiate fatto bene.

1. ...   2. ...   3. ...   4. ...   5. ...

DIALOGO

Prima parte. Sentirai una conversazione fra amici in un caffè. Ascolta attentamente.

Espressioni utili

il sindaco	*mayor*
Ci mancavano anche...	*The last thing we needed were...*
Ma che discorsi fai?	*What kind of nonsense are you talking?*
i ragionamenti	*arguments*
Mio fratello la pensava come...	*My brother used to think just like...*
mi avete dato del...	*you called me a...*
Tregua!	*Truce!*

NICOLETTA: Avete sentito? Il nostro sindaco ha deciso di aprire un nuovo centro sociale vicino allo stadio comunale.

MASSIMO: Come se non avessimo abbastanza problemi in Italia! Ci mancavano anche gli extracomunitari...

NICOLETTA: Ma che discorsi fai? Prima di tutto questa è stata la decisione più intelligente che il nostro comune avesse potuto prendere. Secondo, sarebbe meglio che tu la smettessi di fare questi ragionamenti da intollerante!

MASSIMO: Non è intolleranza, è realtà politica ed economica! Siamo già in sessanta milioni in Italia e il dieci per cento è disoccupato!

LORENZO: Sai cosa Massimo? Il tuo è egoismo... è provincialismo. Non è la disoccupazione che ti preoccupa tanto, è la diversità!

MASSIMO: Non è affatto vero. Ho amici tossicodipendenti, omosessuali, handicappati... ma gli extracomunitari... il discorso è diverso. Cosa possono offrire al nostro paese?

LORENZO: Loro stessi! La loro cultura, la loro musica, la loro letteratura, la lora voglia di integrarsi in una nuova società! E poi, chi sei tu per decidere chi è utile alla società e chi non lo è? Tu, ad esempio, cosa hai da offrire? Ti sei mai chiesto cosa possono pensare loro di te? Pensi forse che questi immigrati vogliano avere a che fare con tipi come te?

BARBARA: Un momento! La verità è che siamo tutti un po' disorientati. La struttura della nostra società sta cambiando così rapidamente e adesso anche noi dobbiamo imparare a convivere con un'Italia sempre più multietnica.

NICOLETTA: Vero, ma il problema di base è l'ignoranza. Mio fratello la pensava come Massimo, ma da quando ha conosciuto degli immigrati della Costa d'Avorio, si è reso conto che la sua era solo paura del diverso.

MASSIMO: Praticamente mi avete dato del razzista quando invece ho fatto un discorso puramente economico.

BARBARA: Attenzione, anche Hitler aveva fatto un discorso economico...

LORENZO: Tregua! Arrivano i panini! Be', comunque l'importante è che si discuta sempre e apertamente. È l'unico modo per combattere l'ignoranza!

Seconda parte. Riavvolgi il nastro e ascolta di nuovo il dialogo. Fa' particolare attenzione ai discorsi riguardo agli extracomunitari in Italia.

Terza parte. Sentirai, per due volte, sei frasi basate sul dialogo. Dovrai segnare, per ciascuna frase, vero o falso.

1. vero   falso   4. vero   falso

2. vero   falso   5. vero   falso

3. vero   falso   6. vero   falso

ED ORA ASCOLTIAMO!

Piero ed Elio, due vecchi amici cinquantenni, discutono della società italiana di oggi, e dei suoi problemi. Sentirai il loro dialogo. Puoi ascoltare il dialogo quante volte vuoi. Sentirai, per due volte, cinque frasi e dovrai segnare, per ciascuna frase, vero o falso.

1. vero   falso   4. vero   falso

2. vero   falso   5. vero   falso

3. vero   falso

DETTATO

Sentirai un dettato tre volte. La prima volta, ascolta attentamente. La seconda volta, il dettato verrà letto con pause tra le frasi. Scrivi quello che senti. La terza volta, correggi quello che hai scritto. Scrivi sulle righe date. Controlla il tuo dettato con le soluzioni date in fondo al libro.

Laura è italoamericana ed è _____

_____

_____

_____

_____

_____

_____

_____

_____

_____

_____

_____

_____

SARA IN ITALIA

Sara è sulla bellissima isola della Sardegna, l'ultima tappa del suo viaggio in Italia. È sulla Costa Smeralda, a godersi il sole e il mare italiano prima di tornare negli Stati Uniti. Parla con un suo amico della sua esperienza in Italia. Sentirai la loro conversazione. Puoi ascoltare il dialogo quante volte vuoi. Poi sentirai, due volte, tre frasi da completare, e dovrai scegliere, per ciascuna frase, il completamento giusto.

1. a. rivedere gli amici e la famiglia
    b. trasferirsi in Italia
    c. cominciare il lavoro
2. a. una cena vegetariana
    b. del pesce
    c. un tiramisù
3. a. andare a mangiare fuori con gli amici
    b. cucinare lei
    c. fare un pic-nic sulla spiaggia

Answer Key

Answers not on Audio

CAPITOLO PRELIMINARE

A. Saluti ed espressioni di cortesia
A. 1. Mi 2. Sono 3. di 4. giorno 5. chiamo 6. professoressa **C. Dialogue 1:** 1. Scusi 2. si
3. piacere 4. E 5. Sono **Dialogue 2:** 1. Bene 2. Lei 3. male 4. Arrivederci **Dialogue 3:** 1. va
2. tu 3. Ciao

B. In classe
A. 1. Scrivete! 2. Aprite il libro! 3. Ripetete «buona notte», per favore! 4. Chiudete il libro! **B.** 1. come
2. dice 3. Benissimo 4. Scusi 5. scrive 6. Prego 7. Aprite 8. come 9. capisco 10. favore **D. Ecco una classe** 1. un banco 2. una sedia 3. un compito 4. un gesso 5. una penna 6. un foglio di carta 7. una matita 8. un quaderno 9. una porta 10. una lavagna

C. Alfabeto e suoni
D. 1. finestra (*window*) 2. scrivania (*desk*) 3. compagno (*companion, mate*) 4. aiuole (*flower beds*) 5. lavagna (*blackboard*) 6. dizionario (*dictionary*) 7. patata (*potato*) 8. parola (*word*) **I.** 1. grammatica 2. importanza 3. partire 4. partirò 5. musica 6. trentatré 7. subito 8. umiltà 9. abitano 10. cantavano **J.** 2. prenderò 3. caffè 4. università 6. civiltà 7. virtù

E. Il calendario
D. 1. martedì 2. giovedì 3. sabato 4. domenica 5. venerdì 6. lunedì 7. mercoledì **F.** Part 1: 3, 2, 5, 4, 6, 1 Part 2: 5, 1, 2, 4, 3, 6

F. Parole simili
B. 1. Jim Walker 2. 28 gennaio 1969 3. Boulder 4. San Francisco 5. insegnante d'italiano 6. Venezia
C. 1. Mi chiamo... 2. Sono di... 3. Ho... anni. 4. Sono studente/studentessa d'italiano.

CAPITOLO 1

Grammatica A. Nomi, genere e numero
B. *You should have checked the following items for each person:* ALESSANDRA: panino, caffè MARCO: panino, birra
LEONARDO: banana

B. Articolo indeterminativo e *buono*
A. *You should have checked the following items:* un passaporto, una mappa della città, un biglietto aereo, una carta di credito, una borsa grande, uno zaino **B.** 1. buon 2. buon 3. buon 4. buoni 5. buon' 6. buona
7. buon 8. buoni

C. Pronomi soggetto e presente di *avere*
B. 1. io 2. Loro 3. Hai 4. ho 5. Hai 6. Lei 7. avete 8. abbiamo

D. Espressioni idiomatiche con *avere*
B. 1. hai 2. ho 3. voglia 4. fame 5. di 6. abbiamo 7. Hai 8. ragione **C.** 1. Ha freddo. 2. Ho paura. 3. Ha caldo. 4. Ha sete. 5. Ha fame. 6. Hai sonno.

Dialogo

Terza parte 1. Falso. È un professore di musica. 2. Falso. Ha 35 anni. 3. Falso. È di Bruxelles. 6. Falso. È in Italia per studiare.

Dettato

Ecco che cosa ha Filippo in una valigia: un computer, cinque libri di testo di italiano, un dizionario, una carta dell'Italia, quattro quaderni, tre penne e due matite.

CAPITOLO 2

Vocabolario preliminare

B. Aula: grande, due lavagne e un orologio; Numeri di studenti: 20 nuovi compagni di classe, 13 ragazze e 7 ragazzi; Descrizione di Caterina: alta, bruna, occhi neri magnetici, con gli occhiali, simpatica; Descrizione di Enrico: robusto, sportivo, allegro, bruno, occhi verdi; Descrizione di Angelo: magro, piccolo, biondo, occhi azzurri, sportivo ed energico

Grammatica   A. Aggettivi

H. 1. molto 2. molti 3. molti 4. molte 5. molto 6. molti 7. molto 8. molta

B. Presente di *essere*

A. Età e professione di Simone: 20 anni, studente di Economia. Età e professione di Emanuele: 22 anni, studente di Educazione fisica. Com'è Emanuele? È molto energico e sportivo. Età e professione di Roberto: 19 anni, studente di Veterinaria. Com'è Roberto? È molto simpatico e divertente. Chi sono Rodolfo e Macchia? Rodolfo è un gatto e Macchia è un cane. Com'è Rodolfo? Rodolfo è pazzo ma carino. Com'è Macchia? Macchia è tranquilla e vecchia. Ha 15 anni. **B.** 1. sei 2. è 3. è 4. sono 5. sono 6. Sono 7. Siamo 8. sono 9. sono

Dialogo

Terza parte 1. Falso. Dawn è l'amica di David. 6. Falso. Alberto è di statura media, robusto, con i capelli castani.

Dettato

In quest'aula grande e luminosa, ci sono ventisei studenti. Ci sono quattordici studentesse e dodici studenti. I banchi sono nuovi, le sedie sono comode, c'è l'aria condizionata, e abbiamo anche un bel poster italiano e una bella carta geografica dell'Europa. La professoressa d'italiano è brava e le lezioni sono interessanti.

CAPITOLO 3

Vocabolario preliminare

C. 1. storia 2. letteratura 3. greco 4. latino 5. matematica 6. trigonometria 7. lettere 8. letteratura 9. Fisica

Grammatica   A. Presente dei verbi in *-are*

A. 1. insegna 2. frequentano 3. studio 4. Frequento 5. studio 6. studiamo 7. lavoriamo 8. studia 9. lavora

B. *Dare, stare, andare* e *fare*

D. 1. va 2. Sto 3. Dai 4. stare 5. dai 6. do 7. Sto 8. andiamo

C. Aggettivi possessivi

B. 1. L'assistente di astronomia è il suo insegnante preferito. 2. Le sue lezioni sono super-affascinanti. 3. Perché è la sua fidanzata.

D. Possessivi con termini di parentela

B. (*Answers to art*) 1. il mio nonno 2. la mia nonna 3. il mio nonno 4. la mia nonna 5. mia zia: professoressa di biologia 6. mio zio: medico 7. mio padre: insegnante (matematica) 8. mia madre: insegnante (chimica) 9. mia zia: dentista 10. mio zio: dentista 11. mia zia: segretaria 12. io: studente di fisica 13. mio fratello: studente di fisica (*Answers to exercise*) 1. Il suo 2. Suo padre 3. Sua madre 4. suo zio 5. La sua zia 6. suoi zii 7. Suo 8. I suoi

Dialogo

Terza parte 1. Falso. Gli esami scritti cominciano tra due giorni. 5. Falso. Al Liceo Scientifico gli studenti non fanno greco.

Dettato

Mariella, Stefano e Patrizia, amici d'infanzia, si ricordano il loro passato di studenti: quegli otto anni passati insieme, cinque alla scuola elementare e tre alla scuola media. Ed ora frequentano licei diversi. E sicuramente nel loro futuro, le facoltà universitarie sono ancora diverse.

CAPITOLO 4

Vocabolario preliminare

C. 1. facciamo 2. Andiamo 3. vediamo 4. ho 5. voglia 6. danno 7. vuoi 8. facciamo 9. guardiamo 10. Fa 11. passare 12. abbiamo 13. pulire 14. capisco 15. faccio 16. pulisci

Grammatica   B. *Dire, uscire, venire; dovere, potere e volere*

A. 7, 2, 6, 8, 4, 3, 1, 5

D. L'ora

C. 1. 8.00 2. 10.30 3. 11.45 4. 1.00 5. 2.20 6. 4.00 7. 7.30

Dialogo

Terza parte 3. Falso. Alessandra va al corso di ceramica. Giovanna fa la baby-sitter di sua figlia. 4. Falso. La figlia di Alessandra dorme. Giovanna fa esercizi di yoga.

Dettato

Giovanna e Rossana sono due ragazze di Milano. Frequentano l'Università statale, facoltà di lettere e filosofia. Alessandra, invece, lavora: è architetto in uno studio del centro. La domenica le tre amiche stanno insieme: fanno gli esercizi di yoga, danno delle feste oppure vanno in campagna.

CAPITOLO 5

Vocabolario preliminare

C. 1. Falso. Giuditta prende un'aranciata. 2. Vero. 3. Falso. Roberto prende un panino al prosciutto. 4. Falso. Giuditta prende un panino al prosciutto e formaggio.

Grammatica   B. Passato prossimo con *avere*

A. 1. deciso 2. pagato 3. dato 4. preparato 5. bevuto

Dettato

Oggi, al bar, non ho preso il solito caffè. Ho voluto solo un latte, semplice, caldo. Poi ho mangiato una brioche e ho bevuto anche una spremuta d'arancia. A dire il vero, il latte e il succo d'arancia non sono andati bene insieme e sono stato male per il resto della mattina. Ho avuto mal di stomaco.

CAPITOLO 6

Vocabolario preliminare

C. 1. un minestrone   2. gli gnocchi   3. al pomodoro   4. bistecca   5. patate fritte   6. un'insalata   7. il dolce
8. tiramisù

Grammatica   C. *Piacere*

A. 1. Gli piace   2. gli piacciono   3. gli piace   4. gli piace   5. le piace   6. Le piacciono   7. le piace   8. le piace

Dettato

Danilo ha cucinato la cena di compleanno per sua sorella Valentina. Danilo è l'esperto di cucina della famiglia e,
naturalmente, conosce anche i vini. Per Valentina, invece, i vini sono tutti uguali. Danilo spiega a Valentina che i
vini rossi devono accompagnare le carni mentre quelli bianchi sono adatti per il pesce o per le carni bianche.

CAPITOLO 7

Vocabolario preliminare

B. 1. rilassarsi   2. fare   3. lavarsi i capelli   4. il bucato   5. si   6. pettina   7. si trucca   8. Si mette   9. Si
veste   10. Si mette

Grammatica   B. Costruzione reciproca

A. 1. si conoscono   2. Si vedono   3. si parlano   4. si capiscono

E. Numeri superiori a cento

B. 1. centocinquantotto   2. cinquecentottantuno   3. novecentoquarantatré   4. milleottocentottanta
5. duemilauno   6. un milione

Dettato

Marilena, Franca, Elena e Silvia vivono insieme in un appartamento nel centro di Roma. Marilena studia
all'università, Franca insegna Lettere in una scuola media, Elena, la più grande, si è laureata da sei anni e lavora in
laboratorio, Silvia si è specializzata in informatica e lavora in un ufficio. Le quattro ragazze non si annoiano mai:
vivere insieme è stimolante e interessante, anche se qualche volta è difficile. Ma le ragazze, invece di arrabbiarsi, si
capiscono e si aiutano tra di loro.

CAPITOLO 8

Vocabolario preliminare

B. 1. il settimanale   2. la pubblicità   3. la recensione   4. il mensile   5. la cronaca   6. il quotidiano

Grammatica   B. L'imperfetto, il passato prossimo e il trapassato

A. 1. era   2. aveva capito   3. era   4. è andata   5. è arrivato   6. era... uscita   **D.** 1. era   2. abitava   3. Si
chiamava   4. aveva   5. era   6. doveva   7. camminava   8. si era... svegliata   9. aveva trovato   10. aveva
detto   11. era andato   12. aveva perso   13. era andato   14. aveva trovato

Dialogo

2. Falso. Giulietta Masina ha recitato anche in *La strada*.   3. Falso. Fellini si è affermato all'estero con *La strada*.
4. Falso. Secondo Fellini, *8 1/2* era il film meno autobiografico.

Dettato

Maurizio e Rinaldo sono due vecchi amici. Si conoscono da quando erano piccoli. Rinaldo si è sposato e ha una
bambina che va all'asilo. Lui e sua moglie Giuliana sono molto contenti. Maurizio, invece, è divorziato, lui e sua
moglie non si capivano. Da quando Maurizio è divorziato sua madre fa tutto per il figlio: stira, lava, cucina
eccetera. Angela, la sorella di Maurizio, vive in America. È una donna indipendente ed è andata in America da
sola.

CAPITOLO 9

Grammatica   D. Comparativi e superlativi irregolari
B. 1. meglio 2. peggio 3. peggiore 4. migliore 5. peggiore

Dettato
Il sistema nazionale sanitario in Italia, anche se ha dei problemi, è di buon livello. Il diritto alla salute e alle cure, come quello al lavoro, è garantito dalla Costituzione italiana. L'assistenza medica è certo meno costosa che negli Stati Uniti, ma i servizi a volte sono meno buoni, anche se adeguati. La maggior parte degli ospedali italiani sono pubblici, non privati.

CAPITOLO 10

Vocabolario preliminare
D. Coppia 1: Viareggio, treno, albergo tre stelle, carta di credito; Coppia 2: l'Umbria (Gubbio, Assisi, Perugia), macchina, pensione, carta di credito/contanti; Coppia 3: Creta/Grecia, nave, albergo di lusso, carta di credito

Grammatica   A. Futuro semplice
A. 1. partirò 2. Prenderemo 3. andremo 4. Passeremo 5. noleggeranno 6. continueranno 7. andrò 8. studierò 9. ritorneremo

B. Usi speciali del futuro
A. 1. Sarà 2. Avrà 3. Mangerà 4. Dormirà 5. Avrà 6. Scriverà

D. Formazione dei nomi femminili
A. 1. pittrice 2. professoressa 3. scultrice 4. attrice

Dettato
Due coppie di amici hanno deciso che quest'anno passeranno le vacanze nel sud d'Italia. Desiderano un posto tranquillo, con il mare pulito e le spiagge non affollate. Hanno scelto la costa sud del Mare Adriatico, le Puglie. Per molti anni Enrico e Zara hanno trascorso vacanze movimentate: viaggi in paesi lontani, avventure ed esotismo. Renato e Laura hanno sempre preferito ricercare dei posticini isolati e tranquilli dove potersi rilassare, lasciarsi trasportare dalle letture preferite, contemplare le bellezze naturali. Per loro il fascino dei paesi lontani non è mai stato tale da giustificare la rinuncia alle piccole comodità, al buon cibo, al buon vino e alla sicurezza della lingua.

CAPITOLO 11

Grammatica   C. Pronomi doppi
A. 1. Gliela 2. me la 3. gliela

D. Imperativo
A. 1. non scappare 2. Studia 3. fatti 4. trova

Ed ora ascoltiamo!
CLIENTE A: una giacca; bianca o grigia; taglia 50; CLIENTE B: un maglione; rosso; taglia 38 o 40; CLIENTE C: un cappello; marrone; taglia 48

Dettato
Giovanna e Silvana sono in giro per la città per fare spese. Oltre alla spesa per il fine settimana le due amiche vogliono fare un giro per i negozi del centro e per i grandi magazzini alla ricerca di qualche affare. I negozi di abbigliamento di alta moda sono sempre molto cari ma nei grandi magazzini è possibile trovare delle svendite. Al mercato all'aperto, poi, non è difficile trovare dei buoni affari. Girare per le bancarelle di un grande mercato è piacevole e interessante. C'è di tutto: frutta, verdura, formaggi e salumi da un lato e dall'altro vestiti, scarpe e tutti gli oggetti utili per la casa.

CAPITOLO 12

Vocabolario preliminare
A. 1. casa 2. stanze 3. bagni 4. camere 5. matrimoniali 6. singola **C.** 1. un palazzo 2. l'ascensore 3. nella strada 4. al secondo piano 5. a sinistra

Grammatica   A. Aggettivi indefiniti
A. 1. tutta 2. qualche 3. Alcune **C.** 1. qualunque 2. alcune 3. Tutte 4. Tutte 5. ogni

D. Imperativo (*Lei, Loro*)
A. 1. telefoni 2. dica 3. abbia 4. richiami

Dialogo
1. vero 2. vero 3. Falso. Una camera è grande e l'altra è piccola. 4. Falso. Il palazzo non è moderno. 5. vero 6. Falso. L'appartamento è al terzo piano.

Ed ora ascoltiamo!
You should have labeled the floor plan as follows: 1. il ripostiglio grande 2. la camera da letto grande 3. il bagno piccolo 4. la sala da pranzo 5. la cucina 6. il bagno grande 7. la camera da letto piccola 8. lo studio 9. il soggiorno

Dettato
Simonetta e Lucia hanno frequentato lo stesso liceo ed ora si sono iscritte alla facoltà di sociologia dell'Università di Roma. Andare a Roma a frequentare l'università significa trovare casa, abitare da sole, sviluppare il senso dell'autodisciplina e della responsabilità. Tutto questo non spaventa le due ragazze, al contrario, le stimola. Dei loro compagni di classe loro sono le uniche che hanno scelto Roma. Presa la decisione ora cominciano i primi problemi: trovare la casa e poi un lavoretto, magari mezza giornata. Ma le due ragazze sono coraggiose e si meritano un colpo di fortuna!

CAPITOLO 13

Vocabolario preliminare
A. 1. non ha preso 2. si è allacciato la cintura di sicurezza; in divieto di sosta 3. la multa; un vigile; ha passato il limite di velocità **B.** IL TRAFFICO 1. la targa 2. la patente 3. il pieno di benzina 4. le gomme 5. i mezzi di trasporto 6. il vigile L'AMBIENTE 1. i rifiuti 2. il riciclaggio 3. l'effetto serra 4. la fascia d'ozono 5. l'inquinamento

Grammatica   A. Condizionale presente
A. 1. daresti 2. sarebbe 3. faresti

B. *Dovere, potere* e *volere* al condizionale
A. 1. vorrebbe andare 2. lo potrebbe fare 3. dovrebbe studiare di più per recuperare il tempo perduto

C. Condizionale passato
A. 1. Sarei dovuto 2. Avrei dovuto 3. Avrei fatto

D. Pronomi possessivi
B. 1. mia 2. tua 3. mia 4. mia 5. sua 6. mia

Dettato

Enrico, Aldo e Paola si interessano di ecologia. Paola fa ricerca sui prodotti medicinali estratti dalle piante mentre Aldo ed Enrico si occupano di sensibilizzare l'opinione pubblica sui problemi ambientali. Il loro non è un lavoro facile: la gente è spesso pigra e preferisce non affrontare il problema. Naturalmente ci sono anche quelli che hanno scelto di essere attivi e partecipano ai gruppi dei Verdi. Ma la battaglia per la protezione dell'ambiente è lunga e incerta: interessi privati, giochi politici, apatia, pigrizia ed egoismo contribuiscono a renderla difficile.

CAPITOLO 14

Vocabolario preliminare
A. 1. musicista 2. opera 3. concerti 4. jazz 5. sassofono 6. opera

Grammatica   C. Costruzioni con l'infinito
A. *You should have underlined the following verbs:* trovare, chiedere, vendere, cercarli   1. trovare biglietti per il concerto di Zucchero è impossibile   2. chiedere al suo amico se conosce qualcuno che ha biglietti da vendere   3. di cercarli

Ed ora ascoltiamo!
1. vecchia; trenta   2. il violino; il pianoforte   3. le canzoni sociopolitiche   4. il festival di Sanremo

Dettato
Clark e Christie sono molto interessati alla musica italiana, tutta: dall'opera lirica alla musica leggera, dai cantautori, alla musica da liscio. Per molto tempo hanno associato all'immagine dell'Italia solo l'opera lirica ma ora si sono accorti che la produzione musicale italiana è vasta e disparata. I ragazzi vorrebbero andare al festival del jazz che viene allestito tutte le estati in Umbria. Quest'anno partecipano delle nuove cantanti jazz italiane e i ragazzi sono molto curiosi. È un po' tardi per trovare un albergo ma gli amici per l'amore della musica dormirebbero anche all'aperto!

CAPITOLO 15

Vocabolario preliminare
A. 1. Il Cenacolo di Leonardo 2. per un'ora 3. Non si aspettava tanti italiani. 4. ancora molto rovinato 5. questo fine settimana **C.** 1. capolavoro 2. autore 3. poesia 4. citato 5. Riassumere 6. romanzo

Dialogo
Terza parte   1. una lingua parlata solo da una minoranza   2. i dialetti delle loro regioni, in generale 3. a scuola   4. Perché è diventato una lingua parlata, non solo scritta.   5. attraverso la televisione, la radio, i giornali   6. Ha un'origine medievale e rinascimentale.

Dettato
Petrarca scrisse le *Rime* o *Canzoniere* per celebrare il suo amore per Laura, che era morta durante la peste del 1348. Il poeta lavorò al libro per la maggior parte della sua vita, e lo finì poco prima di morire: ma sappiamo che avrebbe aggiunto altre poesie, perché nel suo manoscritto ci sono spazi bianchi. Le *Rime* di Petrarca furono subito celebrate dai poeti italiani e europei come un capolavoro e diventarono il modello cui ispirarsi. La poesia rinascimentale europea prese Petrarca come punto di partenza, e imitò il suo Canzoniere, lo riscrisse, lo adattò. Si cercò insomma di esprimere nelle varie lingue il contrasto tra amore spirituale, amore carnale, poesia e memoria, che è centrale in Petrarca.

CAPITOLO 16

Vocabolario preliminare
C. lo stato 1. il primo ministro 2. il Presidente della Repubblica 3. il deputato, la deputata 4. votare 5. le elezioni 6. la Costituzione 7. la Camera dei Deputati e il Senato 8. il voto i problemi sociali 1. uno sciopero 2. il salario, lo stipendio 3. l'impiegato, l'impiegata 4. l'operaio, l'operaia 5. le tasse 6. la disoccupazione

Grammatica A. Congiuntivo presente

A. 1. siano   2. aumenti   3. crescano   4. siano   5. pensi   6. sia   7. si occupino

Dettato

Guido ha invitato a cena i suoi amici Giulia ed Enrico. Enrico fa il giornalista ed è sempre ben informato sulle novità politiche, Guido e Giulia si interessano di politica dai tempi del liceo, quando militavano nel movimento studentesco. Ognuno ha il proprio punto di vista e le proprie idee. Guido è ottimista ed è convinto che gli italiani sappiano gestirsi politicamente senza mettere in pericolo la democrazia. Giulia ritiene che la gente sia confusa e, forse, facile da manipolare. Per Enrico, invece, l'Europa intera è in un periodo di crisi e la rinascita dei vecchi nazionalismi ne è uno dei tanti sintomi.

CAPITOLO 17

Grammatica A. Congiunzioni che richiedono il congiuntivo

D. 1. ...tu capisca che cosa è successo, che cosa hai fatto, e perché mi hai ferito   2. ...sia stanco   3. ...tu non ti arrabbi   4. ...non mi piaccia   5. ...tu ti comporti diversamente   6. ...tu non mi chieda di andarmene

B. Altri usi del congiuntivo

A. 1. Chiunque   2. Qualunque   3. Dovunque

Dettato

Stamattina Cinzia, Gabriella e Francesco si sono incontrati per caso per le vie del centro. Così si sono concessi un caffè ed una chiacchierata con gli amici al bar. Francesco racconta dei motivi che lo hanno spinto a licenziarsi, decisione coraggiosa e difficile. Cinzia è ancora sotto tensione per il colloquio di lavoro appena fatto. Gabriella, incinta di sette mesi, racconta agli amici dell'esperienza della gravidanza e delle paure che l'accompagnano. Per i tre ragazzi questa improvvisa mattinata libera diventa l'occasione per parlare di se stessi e confidarsi.

CAPITOLO 18

Grammatica A. Imperfetto del congiuntivo

A. 1. ti fidanzassi   2. mi innamorassi   3. mi sposassi

C. Correlazione dei tempi al congiuntivo

A. 1. tu restassi   2. ti capiti   3. capissi   4. faccia   5. mi preoccupi

Dettato

Laura è italoamericana ed è andata in Italia a visitare i luoghi di provenienza della sua famiglia. Da bambina sentiva spesso parlare dell'Italia ed i nonni le parlavano di tanto in tanto in italiano, ma a scuola ha imparato l'inglese e con i genitori non ha mai parlato italiano. L'immagine dell'Italia le era rimasta vaga ed incerta, gli stereotipi ed i miti non le permettevano di averne una visione chiara. Solo un viaggio le avrebbe consentito di farsi un'opinione personale del paese e dei suoi abitanti. In Italia Laura ha riscoperto la propria identità etnica, ha capito meglio la cultura italiana e ha incontrato i parenti di cui aveva solo sentito parlare. È stata un'esperienza significativa e Laura ne è molto soddisfatta.